名家名篇赏析

福建优秀传统文化

《福建优秀传统文化》编委会 编著

海峡出版发行集团 | 鹭江出版社
THE STRAITS PUBLISHING & DISTRIBUTING GROUP

2021年 · 厦门

图书在版编目（CIP）数据

福建优秀传统文化·名家名篇赏析 /《福建优秀传统文化》编委会编著 . — 厦门 : 鹭江出版社 , 2021.5
ISBN 978-7-5459-1600-3

Ⅰ . ①福… Ⅱ . ①福… Ⅲ . ①地方文化—福建—中学—乡土教材 Ⅳ . ① G634.591

中国版本图书馆 CIP 数据核字（2021）第 054525 号

FUJIAN YOUXIU CHUANTONG WENHUA · MINGJIA MINGPIAN SHANGXI

福建优秀传统文化·名家名篇赏析

《福建优秀传统文化》编委会 编著

出　　版：鹭江出版社
地　　址：厦门市湖明路 22 号　　**邮政编码：**361004
发　　行：福建新华发行集团有限责任公司
印　　刷：福州德安彩色印刷有限公司
地　　址：福州金山工业区浦上园 B 区 42 栋　　**联系电话：**0591-28059365
开　　本：787mm × 1092mm　1/16
印　　张：12.25
字　　数：187 千字
版　　次：2021 年 5 月第 1 版　　2021 年 5 月第 1 次印刷
书　　号：978-7-5459-1600-3
定　　价：36. 00 元

如发现印装质量问题，请寄承印厂调换。

编委会名单

版权声明

山风海涛间的文化历史锋芒

（代序）

福建枕山襟海，是闽人得天独厚的家园。武夷山脉形成绿色的屏障，挡住了北方冷空气的侵袭；而漫长的海岸线，常年接受南来的季风和暖雨的滋养。山的刚健、海的宽广成了闽人的精神基因。

一两千年前，闽越先人在这里聚族而居，开辟草莱，耕山播海，生生不息。随着衣冠士族入闽，中原文明逐渐传入，这里地灵人杰、俊采星驰，从八闽文宗欧阳詹到白衣卿相柳永，从程门立雪的杨时、游酢到理学名家朱熹，福建人文日渐昌盛。闽人用勤奋和智慧淬炼出高度文明。

自宋元至明清梯航万国，福建人一直处于海上丝绸之路的前沿。一代代先民远涉重洋，从事海洋贸易，在移民东南亚、东北亚乃至美洲等地的过程中，传播着中华传统文化。在大航海时代来临之际，颜思齐、郑成功等人所经营的海洋势力，阻止了西方殖民者的入侵。到近代，林则徐、沈葆桢、严复、林纾、陈嘉庚、林旭、林觉民等闽籍精英，在政治、思想、教育、文学等领域，一直居于启蒙的前沿。至于五四新文化运动后的林语堂、许地山、冰心、胡也频、高士其等人，亦都是能够照耀史册的文化星辰。

编撰“福建优秀传统文化”丛书的初衷，是向福建中学生展示八闽大地丰富多彩的人文传统，以期唤起乡土自豪感，充实民族文化的自尊和自信。其中，《福建优秀传统文化·名家名篇赏析》按“闽人闽风”“赤诚童心”“美丽故乡”“闽海游踪”“理性光芒”“民族脊梁”等主题进行系统编排，注重闽籍作家，兼及宦游福建作家，精选其抒写福建山水草木、风土人情等题材的优秀诗歌、散文作品，旨在让广大青少年走进历代名家的心灵世界，以理性、审美的眼光，看待自然、社会和生活，丰富其生命体验。除了名家名篇的编选，书中还附以作者简介、文章导读、语文知识、拓展阅读等栏目。《福建优秀传统文化·历史与研学旅行》则以福建历史进程为线索，重点介绍八闽大地上的重大历史事件和重要历史人物，梳理地方传统文化的源流、演变过程，系统化地介绍丰富多彩的闽都文化、闽南文化、客家文化、朱子文化、妈祖文化、船政文化、华侨文化、红土地文化、畲族文化等特色乡土文明的研学之旅。

摊开地图，福建犹如一片茶叶，浸泡在太平洋中。而福建的人文历史则犹如香茗一样，拥有醇厚芳香的韵味。山风海涛中，蕴藏着独特的人文之美；古厝围屋中，闪烁过耀眼的思想光芒。爱是福建人真挚的情感体验，美是福建人真实的生活方式，而智慧是福建人闪动的灵魂底蕴。

东南沿海的历史云烟，孕育了福建的文化血脉，同时也充盈了中华文明的洪流。

敢拼爱赢的文化性格，耕海牧洋的开拓精神，一直都是福建人珍视的精神财富。衷心希望，福建的青少年能够走进先贤创造的人文传统中，以坚韧的毅力、广阔的胸襟去传承文明、开启智慧，进而塑造自身的文化心灵和精神骨骼，成为具有古典情感、现代精神和未来情怀的新福建人。

凡此种种，旨在启示青少年，胸怀大陆文化和海洋文明积淀，沿着八闽人文风景的文化细流，进入中华文明的广阔天地；在东西方文明交流与碰撞的文化风云中，迎接百年未有之转折的挑战。

孙绍振

2021 年 4 月

目录

第一单元　闽人闽风

第二单元　赤诚童心

第三单元　美丽故乡

第四单元　闽海游踪

第五单元　理性光芒

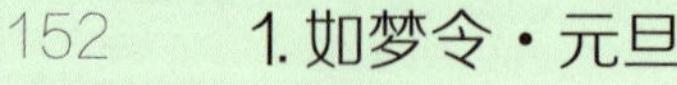

第六单元　民族脊梁

第一单元

闽人闽风

在山与海之间，八闽大地遍布着岛屿和丘陵，点缀着城市和村庄。在这片土地上，众多诗人、作家用灵动的笔墨勾勒出闽地的风景和人情，抒写着笑与泪的人生画卷，亦将目光投向江湖与庙堂。

这一单元选取了诗人蔡其矫描写鼓浪屿和舒婷描写惠安女子的诗篇，旨在将南国的风景和人文展现在大家面前；才女林徽因和才子梁遇春关于笑和泪的两篇文章，道出了人世的欢欣与悲凉；马卡丹的《倾听红豆杉》，勾画出客家山水风物的悠远意蕴；理学巨匠朱熹游福州西湖时，心系家国；白衣卿相柳永对着潇潇暮雨，愁绪万千；晚清诗人陈衍途经潼关，留下了山河足音。

闽人生于南方的山峦和海岸间。数千年风雨涤荡，浇铸出闽人岩礁般的筋骨，滋养出闽人海洋般的胸襟。希望大家能够在这些精选的诗文中，感受闽人的风骨。

1. 鼓浪屿

蔡其矫

蔡其矫（1918—2007），当代著名诗人、散文家，福建泉州人。1938年到延安，在鲁迅艺术学院学习。1941年开始发表诗作，主要诗集有《回声集》《回声续集》《涛声集》《迎风集》《双虹集》《福建集》等。1954年，蔡其矫从北京一路采风来到厦门。1956年，他又来鼓浪屿居住，其间写了两首非常著名的诗歌：一首是《鼓浪屿》，另一首是为集美海堤建成而作的长诗《海峡长堤》。

蔡其矫先生11岁时（1929年）在鼓浪屿插班读书。虽然只待了短短一年，但这一年的经历给他留下了深刻的印象。1956年他再次来到厦门，在与朋友一起隔海眺望鼓浪屿时，对方赞叹道："鼓浪屿真是个美人儿！"蔡其矫怦然心动，遂成此篇。其中，"月下的鼓浪屿，在睡眠中的美人"已成为脍炙人口的名句。

品读这首诗时要注意体会诗人独具匠心的构思：全诗以比喻和拟人的修辞手法，从远观、近看和夜眺三个不同的视角，生动形象地描绘了鼓浪屿的迷人风情，表达了诗人对祖国大好河山的倾慕之情。

黄金的沙滩镶着白银的波浪，
开花的绿树掩映着层层雕窗，
最高的悬岩又招来张帆的风，
水上的鼓浪屿，一只彩色的楼船。

每一座墙头全覆盖新鲜绿叶，
每一条街道都飘动醉人花香，
蝴蝶和蜜蜂成年不断地奔忙，
花间的鼓浪屿，永不归去的春天。

夜幕在天空张开透明的罗帐，
变化中的明暗好比起伏呼吸，
无数的灯火是她衣上的宝石，
月下的鼓浪屿，在睡眠中的美人。

积累

1. 熟读并背诵这首诗。

2. 根据诗歌内容填空。

每一座墙头全覆盖 ______________，

每一条街道都飘动 ______________……

思考

1. 每节的最后一句在文中起什么作用?

____

____

2. 诗人是怎样描写鼓浪屿这个“在睡眠中的美人”的?

____

____

拓展

蔡其矫的另一首诗《波浪》，曾入选七年级语文课本（北京师范大学出版社出版），请读一读，感受诗人对波浪的赞美之情。

波　浪

蔡其矫

永无止息地运行，
应是大自然呈现的呼吸，
一切都因你而生动，
波浪啊！

没有你，大海和天空多么单调，
没有你，海上的道路就可怕的寂寞；
你是航海者最亲密的伙伴，
波浪啊！

你抚爱船只，照耀白帆，
飞溅的水花是你露出雪白的牙齿
微笑着，伴随船上的水手
走遍天涯海角。

今天，我以欢乐的心回忆
当你镜子般发着柔光
让天空的彩霞舞衣飘动
那时你的呼吸比玫瑰还要温柔迷人。

可是，为什么，当风暴来到
你的心是多么不平静
你掀起严峻的山峰
却比暴风还要凶猛？

是因为你厌恶灾难吗？
是因为你憎恨强权吗？
我英勇的、自由的心啊
谁敢在你上面建立它的统治？

我也不能忍受强暴的呼喝，
更不能服从邪道的压制；
我多么羡慕你的性子
波浪啊！

对水藻是细语，
对巨风是抗争，
生活正应像你这样充满音响，
波——浪——啊！

2. 惠安女子

舒 婷

舒婷（1952— ），福建晋江人，当代著名女诗人，朦胧诗派代表人物。从小随父母定居厦门，从 1979 年开始发表作品。她的诗歌充盈着浪漫主义和理想色彩，表达了诗人对祖国、对人生、对爱情、对土地的爱。她擅长运用比喻、象征、联想等艺术手法表达内心感受，在朦胧的氛围中流露理性的思考，将浪漫主义和现代主义风格完美结合。代表作有《致橡树》《双桅船》《会唱歌的鸢尾花》《真水无香》等。

此诗发表于 1981 年。当时人们多抱着猎奇的心态看待惠安女子：惠安男人多数长年漂泊在海上或外出打工，“留守”是许多惠安女子的真实写照；长期以来惠安女子默默忍受着生活的苦涩，以勤劳、坚韧、温良、孝顺著称；她们裹方巾，戴斗笠，着短褂，束银带，古老而美丽的服饰，加上绰约的身姿，构成一道道亮丽的风景。惠安女由此博得世人的惊叹。于是，她们出现“在封面和插图中”，“成为风景，成为传奇”。但舒婷却通过她独特的女性视角和敏锐的洞察力去观察这些女子，以博爱的情怀去感受她们的苦难。在《惠安女子》这首诗中，她赞美了惠安女的优秀品质，呼吁人们关注她们所承受的苦难，并向麻木的俗人发出严正的抗议。

野火在远方，远方
在你琥珀色的眼睛里

以古老部落的银饰
约束柔软的腰肢
幸福虽不可预期，但少女的梦
蒲公英一般徐徐落在海面上
啊，浪花无边无际

天生不爱倾诉苦难
并非苦难已经永远绝迹
当洞箫和琵琶在晚照中
唤醒普遍的忧伤
你把头巾一角轻轻咬在嘴里

这样优美地站在海天之间
令人忽略了：你的裸足
所踩过的碱滩和礁石
于是，在封面和插图中
你成为风景，成为传奇

积累

1. 熟读并背诵这首诗。

2. 根据诗歌内容填空。

幸福虽不可预期，但少女的梦
________ 一般徐徐落在海面上

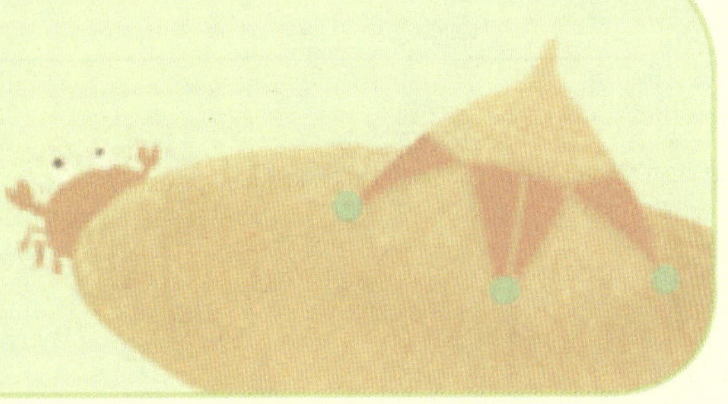

啊，浪花无边无际

天生不爱倾诉苦难
并非苦难已经永远绝迹
当 _____ 和 _____ 在晚照中
唤醒普遍的忧伤
你把头巾一角轻轻咬在嘴里

思考

1. 诗人善于从客观生活中提炼诗歌意象。请说说诗中有哪些意象，这首诗展现了一幅幅什么样的情景？

____

____

____

____

2. 最后一节中“令人忽略了：你的裸足 / 所踩过的碱滩和礁石”有什么含义？

____

____

____

____

拓展

阅读下面诗歌选段，说说你对惠安女的认识。

惠安女，是一个特殊的族群。

一种奇特的服饰，让惠安女血肉丰满。一种独特的婚俗，让惠安女成为传奇。

惠安女，走进舒婷的《惠安女子》，行走成一首诗的姿势。

惠安女，走进石雕瓷雕中，生命在此驻足，灵魂在此鲜活。

惠安女，是泉州湾与湄洲湾的一道风景线。一根扁担：一边挑着蓝色的大海，一边挑着金色的沙滩；一边挑着渔村与城市的梦，一边挑着肉体与灵魂的爱。

惠安女啊，惠安女，拥抱大海与朝霞的样子。让浪花陪着裸足多走一会，生活变得海一样蓝，火一样红。

——节选自戴永成《惠安女的色彩》

3. 笑

林徽因

林徽因（1904—1955），建筑学家、作家，福建福州人。林徽因生于书香世家，其父林长民是知名政治家、教育家和翻译家；其族叔林觉民是中国民主革命先驱。1931 年 4 月，她在《诗刊》上发表了第一首诗《谁爱这不息的变幻》。她的诗多数以个人情绪的起伏为主题，探索生活和爱的哲理。诗句委婉柔丽，韵律自然。她一生著述甚多，其中包括散文、诗歌、小说、剧本、译文和书信等，代表作有《你是人间四月天》《九十九度中》《林徽因诗集》等。

《笑》是近现代女诗人林徽因写的一首白话诗，描绘的是一个少女高雅纯洁的笑。诗中用诸多女性的意象展现了笑的美好。这首诗体现了林徽因早期作品的艺术风格，诗的语言玲珑剔透，充满青草和阳光的气息，就像春天里的露珠，透露出美的芳馨。

笑的是她的眼睛，口唇，
和唇边浑圆的漩涡。
艳丽如同露珠，
朵朵的笑向
贝齿的闪光里躲。

那是笑——神的笑，美的笑；
水的映影，风的轻歌。

笑的是她惺松的鬈发，
散乱地挨着她耳朵。
轻软如同花影，
痒痒的甜蜜
涌进了你的心窝。
那是笑——诗的笑，画的笑：
云的留痕，浪的柔波。

积累

1. 熟读并背诵这首诗。

2. 给下列加点字注音。

浑圆（ ）　漩涡（ ）　惺松（ ）

鬈发（ ）　散乱（ ）　轻软（ ）

思考

诗人如何描绘一个少女高雅纯洁的笑？

拓展

阅读林徽因的另一首诗《深笑》，说说这两首诗有什么相同之处。

深　笑

是谁笑得那样甜，那样深，
那样圆转？一串一串明珠
大小闪着光亮，迸出天真！
清泉底浮动，泛流到水面上，
灿烂，
分散！

是谁笑得好花儿开了一朵？
那样轻盈，不惊起谁。
细香无意中，随着风过，
拂在短墙，丝丝在斜阳前
挂着，
留恋。

是谁笑成这百层塔高耸，
让不知名鸟雀来盘旋？是谁
笑成这万千个风铃的转动，
从每一层琉璃的檐边
摇上
云天？

4. 泪与笑

梁遇春

梁遇春（1906—1932），著名的散文家，别署驭聪，又名秋心，福建福州人。1906年出生于福州一个知识分子家庭；1918年秋考入福建省立第一中学（今福州一中），1928年毕业于北京大学。在大学学习期间开始文学创作。1932年夏，因染急性猩红热，猝然去世，年仅27岁。著有散文集《春醪集》《泪与笑》等。

作者通过深刻而独特的人生视角，对“泪”与“笑”这一对矛盾现象进行深入思考。梁遇春认为，笑是分层次的，笑不仅仅代表快乐与满足，笑更多的时候体现为苦笑、冷笑、悲哀的笑和恶鬼的狞笑。而“泪却是肯定人生的表示”，眼泪是人生的甘露。梁遇春在《泪与笑》中，对“泪”与“笑”作了生动而深刻的阐释。作者视悲痛为充实，视微笑为无奈。作者认为悲哀不可怕，可怕的是失掉了悲哀。

匆匆过了二十多年，我自然也是常常哭，常常笑，别人的啼笑也看过无数回了。

可是我生平不怕看见泪。自己的热泪也好，别人的呜咽也好；对于几种笑我却会惊心动魄，吓得连呼吸都不敢大声，这些怪异的笑声，有时还是我亲口发出的。当一位极亲密的朋友忽然说出一句冷酷无情、冰一般的冷话来，而且他自己还不知道他说的会使人心寒，这时候，我们只好哈哈哈莫名其妙地笑了。因为若使不笑，叫我们怎么样好呢？我们这个强笑或者是出于看到他真正的性格（他这句冷语所显露的）和我们先前所认为的他的性格的矛盾，或者我们要勉强这么一笑来表示我们是不会给他的话所震动，我们自己另有一个超乎一切的生活，他的话不能损坏我们于毫发的，或者……但是那时节我们只觉得不好不这么大笑一声，所以才笑，实在也没有闲暇去仔细分析自己了。

当我们心里有说不出的苦痛缠着，正要向人细诉，那时，我们平时尊敬的人却用个极无聊的理由（甚至于最卑鄙的）来解释我们这穿过心灵的悲哀。看到这深深一层的隔膜，我们除百无聊赖地破涕为笑，还有什么别的办法吗？有时候我们倒霉起来，整天从早到晚做的事没有一件不是失败的。到晚上疲累非常，懊恼万分，悔也不是，哭也不是，也只好咽下眼泪，空心地笑着。我们一生忙碌，把不可再得的光阴消磨在马蹄铁轮，以及无谓敷衍之间，整天打算，可是自己不晓得为什么这么费心机，为了要活着用尽苦心来延长这生命，却又不觉得活着到底有何好处，自己并没有享受过生活，总之黑漆一团地活着。夜阑人静，回头一想，哪能够不吃吃地笑，笑时感到无限的生的悲哀。就说我们淡于生死了，对于现世界的厌烦同人事的憎恶还会像毒蛇般蜿蜒走到面前，缠着身上。我们真可说倦于一切，可惜我们也没有爱恋上死神，觉得也不值得花那么大劲去求死，在此不生不死的心境里，只见伤感重重来袭，偶然挣些力气，来叹几口气，叹完气也免不了失笑，那笑是多么酸苦的。

这几种笑声发自我们的口里，自己听到，心中生个不可言喻的恐怖，或者又引起另一个鬼似的狞笑。若使是由他人口里传出，只要我们探讨出它们的源泉，我们也会惺惺惜惺惺而心酸，同时害怕得全身打战。此外失望人的傻笑，下头人挨了骂对于主子的赔笑，趾高气扬的热富对于贫贱故交的冷笑，老处女在他人结婚席上所呈的干笑，生离永别时节的苦笑，这些笑全是“自然”跟我们为难，把我们弄得没有办法，我们承认失败了的表现是我们心灵的堡垒下面刺目的降幡。莎士比亚的妙句“对着悲哀的微笑”（Smiling at grief）说尽此中的苦况。拜伦在他的杰作《唐璜》里有两句：“Of all tales 'tis is the saddest—and more sad，because it makes us smile”（在所有故事中，它是最可悲的——而且还要可悲，因为它让我们微笑。”这两句是我愁闷无聊时所喜欢反复吟诵的，因为真能传出“笑”的悲剧情调。

泪却是肯定人生的表示。因为生活是可留恋的，过去是春天的日子，所以才有伤逝的清泪。若使生活本身就不值得我们的一顾，我们哪里会有惋惜的情怀呢？……

我每回看到人们的流泪，不管是失恋的刺痛，或者丧亲的悲哀，我总觉人生真的值得一活的。眼泪真是人生的甘露。当我是小孩的时候，常常觉得心里有说不出的难过，故意去臆造些伤心事情，想到有味的时候，有时会不觉流下泪来，那时就感到说不出的快乐。现在却再寻不到这种无根的泪痕了。哪个有心人不爱看悲剧，亚里士多德所说的净化的确不错。我们精神所纠结郁积的悲痛随着台上的凄惨情节发出来，哭泣之后我们有形容不出的快感，好似精神上吸到新鲜空气一样，我们的心灵忽然间呈非常健康的状态。果戈理的著作人们都说是笑里有泪，实在是因为后面有看不到的泪，所以他的小说会那么诙谐百出，对于生活处处有回甘的快乐。中国的诗词说高兴赏心的事总不大感人，谈愁与恨，却是易工，也由于那些怨词悲调是泪的结晶，有时会逗我们洒些同情的泪，所以亡国的李后主，感伤的李义山始终是我们爱读的作家。

天下最爱哭的人莫过于怀春的少女同情海中翻身的青年，可是他们的生活是最有力、色彩最浓、最不虚过的生活。人到老了，生活力渐渐消磨尽了，泪泉也干了，剩下的只是无可无不可，那种将就木的心境和好像慈祥实际是生的疲劳所产生的微笑是我所怕的微笑。十八世纪初期浪漫派诗人格雷在他的《远见依顿学院》里说：流下也就忘记了的泪珠，是照耀心胸的阳光。

这些热泪只有青年才会有，它是同青春的幻梦同时消灭的，泪尽了，每个人心里都像苏东坡所说的“存亡惯见浑无泪”那样的冷淡了，坟墓的影已染着我们的残年。

积累

1. 熟读并背诵下面的句子。

我每回看到人们的流泪，不管是失恋的刺痛，或者丧亲的悲哀，我总觉人生真的值得一活的。眼泪真是人生的甘露。

天下最爱哭的人莫过于怀春的少女同情海中翻身的青年，可是他们的生活是最有力、色彩最浓、最不虚过的生活。

2. 根据文章内容填空。

此外失望人的________，下头人挨了骂对于主子的________，趾高气扬的热富对于贫贱故交的________，老处女在他人结婚席上所呈的________，生离永别时节的________，这些笑全是“自然”跟我们为难，把我们弄得没有办法，我们承认失败了的表现是我们心灵的堡垒下面刺目的降幡。

思考

1. 作者说，“对于几种笑我却会惊心动魄，吓得连呼吸都不敢大声”。阅读文章，请概括出这“几种笑”的具体内容。

____

____

____

2. 人生在世，哭笑本是人之常情，笑是快乐的表示，泪是痛苦的表现。但是，作者却以独特视角从中翻出新意。请思考作者的新意何在。

____

____

____

拓展

1. 阅读梁遇春的其他作品和下面一段话，感受他的博识睿智与独特见解。

英年早逝的梁遇春被誉为“天才”，他的散文以博识睿智、视角独特著称。如，在他的《“失掉了悲哀”的悲哀》里有这样的句子：“一个人能够有悲剧的情绪，感到各种的悲哀，他就不能够算作一个可怜人了。”他认为“失掉了悲哀”，失去了感受生活的能力，成为一具行尸走肉，才是真正悲哀的人生。再如《谈“流浪汉”》，在梁遇春的笔下，流浪汉是“具有出类拔萃的个性的人物”。

2. 阅读与“笑”有关的作品，如冰心的《笑》、高士其的《笑》、周汝昌的《谈笑》等。

5. 倾听红豆杉

马卡丹

马卡丹（1954— ），福建龙岩人，作家、媒体人。散文集《客山客水》获第二届冰心散文奖。多篇作品入选散文选本。

本文原为《梅花山三题》中的一篇，另两篇为《龙龟漫忆》和《守望的方向》。梅花山，位于闽西连城县、上杭县、新罗区交界之处，为国家级自然保护区。

红豆杉是世界公认的濒临灭绝的天然珍稀植物，在地球上已有250万年的历史。上杭县步云乡崇头村的红豆杉林是梅花山国家级自然保护区植物资源的自然奇观之一。《倾听红豆杉》不但让读者了解红豆杉的生长历史，感受它们奇妙旺盛的生命，而且将红豆杉与客家人联系起来，赞美了客家人自强不息、勇于开拓的精神。

山风初起。

梅花山腹地，鹞（yào）婆岭上，这一片红豆杉，该是南方最大的红豆杉林了吧？作为世界珍稀濒危物种、国家一级重点保护植物，现存的野生红豆杉早已是凤毛麟角，偶尔见上一株两株，便是三生有幸了。苍天独厚梅花山，竟让3000株红豆杉聚而莽莽成林！苍天更偏爱岭下的崇头村，让这个村子的客家人，世世代代朝朝夕夕与杉林为伴，览红豆而发相思。哦，那是我的矫情了，客家农民，大约是难有闲情逸致发相思的。

走过一株，伸手一抱；又一株，再一抱。绝大多数的古杉，要两人合抱、三人合抱，最大的那株红豆杉王，竟要五人合抱，30多米的树干直插云霄，举头望树冠，望不见云，望不见天，只望见了自身的渺小。就说伸手抱住的这一株吧，直径并不大，斑驳的树皮、树皮上寄生的苔藓、树皮脱落处裸露的赤红木质，却处处昭示着古老，少说也是几百岁高龄了。抱着树干，你会想起白胡子老祖父、瘪嘴唇老祖母。哦，不，就是他们，即使在最年轻的红豆杉面前也只能算是儿童。红豆杉是这个世界上生长最为缓慢的树种之一了，百年的时光，树干的直径只能增加15厘米左右，差不多七八年才增一厘米。都说是“十年树木”，对于红豆杉来说，却是200年才能成材的。一棵树，它认识你爷爷的爷爷，也会邂逅你孙子的孙子。这个村庄世世代代的农民，都在它的守望中出生、成长、衰老、入土。而它，却永远是这副挺拔的模样。秋末冬初，红豆缀满枝头，漫山红云引来百鸟和鸣，好一幅美得醉人的图画，让你觉得每一棵树，似乎都正在恋爱的年龄。多么奇妙啊！一百岁它还是娃娃，五百岁它刚刚少年，一千岁它仍在热恋，千年沧桑，人间万象，尽嵌入它细密难辨、层层叠叠的年轮里，窖藏、发酵、酝酿……当长风拂过叶面的时候，当山雨拍打树干的时候，从赤红赤红的年轮中源源不断涌上树干、涌上叶面的，是它酝酿千年的倾诉吗?

也许，倾听红豆杉，就要选在这风乍起的时刻。长风拂面而来，树干上攀缘着的古藤簌簌抖动了，树荫下匍匐着的茅草簌簌抖动了，你抬起头，径直站到那株红豆杉王面前，站到那株树龄标明1700年的红豆杉王面前，你闭上眼，把耳朵轻轻地贴着树干，不要理会古藤与茅草发出的轻薄的噪音，不要担心山雨欲来，你调匀气息，用心，你听——

隐隐地，从高高的树冠之上，从深深的树根之下，仿佛电流一般，传来那么遥远、那么微细的音响：那是时光在树的身躯中轻轻摇曳，那是岁月在树的血管里悠悠循环，那是春夏秋冬在树的五脏六腑间轮番穿越，那是红豆杉王——这1700岁依然年轻的精灵，在一呼一吸的吐纳之间，那么深情地诉说……

哦，鹞婆岭，客家人把山鹰的一种呼作“鹞婆”，最早是哪一只鹞婆，衔来最初的红豆杉种子，让这白垩纪孑（jié）遗的古老树种，让这植物王国的活化石与梅花山结缘？1700年前，中国的纪元正是两晋，当鹞婆衔着红豆杉种子飞进梅花山，当红豆杉王绽开第一片新芽，在中国的北方，岁月这只庞大无比的“鹞婆”也张开了翅膀。无数的客家先民，你的先祖，我的先祖，他的先祖，还有鹞婆岭下崇头村民的先祖，都被岁月衔在嘴里，向南，向南……红豆杉王的嫩枝在梅花山风下第一次摇曳，一派蛮荒中它在守候、它在期盼：逐水而居的百越在它的注视下来了，又去了；刀耕火种的畲瑶在它的注视下来了，又去了；那北来的文明，在岁月的翅膀上飞翔了千年，崇头村，这个隶属上杭县步云乡的村落，是在元代开始奠基的。红豆杉王，见证了一个村庄的诞生，目击了客家先民到客家人的艰难嬗变，也目送着客家后裔从此出发开拓远行的背影。太多的故事，太炽热的情感，它，挺立千年，阅尽千年，收藏千年，诉说千年！

山风紧了，山雨就要接踵而来。你把耳朵贴紧树干，贴紧这个庞大而漫长的生命。生命与生命尽管千差万别，但生命的信息是相通的。你想听清，听清一个生命对另一个生命的诉说，你想听，想听……

但，山风紧了，更紧了，山雨，无情地敲击着你的脚步。

你走着，一次次回头；树站着，借着风的羽翼招手。哦，人，多么像是迁徙的树；树，又多么像是守望的人！

眼睛，被雨点打湿了吗？蒙蒙雨雾间，你看见红豆杉王，还有那么多的红豆杉，一齐舞动着、舞动着，每一片树叶，似乎都在诉说。

只是，它说给风听，说给雨听，而你，无缘听见。

积累

下列句子写出红豆杉的什么特点？找出文中表达相同内容的词句。

一棵树，它认识你爷爷的爷爷，也会邂逅你孙子的孙子……

一百岁它还是娃娃，五百岁它刚刚少年，一千岁它仍在热恋……

思考

1. 结合文章内容，概括红豆杉的特点。

2. 请结合全文，探究标题“倾听红豆杉”的含义。

拓展

马卡丹有本散文集《客山客水》，描绘了瑰丽的客家山水，讲述了动人的客家故事，表达了炽热的客家情怀。如，在《雨落梅园》一文中，作者讲述了梅园主人（连城四堡雾阁村人邹圣脉）的故事，《星夜，承启楼》一文展现了承启楼的奇特与雄健。请阅读《客山客水》，感悟作者的乡土情怀。

6. 游西湖

朱　熹

朱熹（1130—1200），南宋思想家、哲学家、教育家、诗人，闽学派代表人物，儒学集大成者，被后世尊称为朱子。祖籍江西婺源，出生于福建尤溪，常年生活于南平建阳、武夷山等地。朱熹是唯一非孔子亲传弟子而享祀孔庙的人，位列大成殿十二哲。朱熹留下浩如烟海的著述，如《四书章句集注》《诗集传》《周易本义》《楚辞集注》等，对中国文化和人类文明产生了深远的影响。

福州西湖位于福州市区，至今有1700多年的历史，是福州保留最完整的一座古典园林。宋孝宗淳熙十年（1183）夏，朱熹与赵汝愚同游西湖，见荷花盛开，为这里的秀美风景而心动，写下《游西湖》。诗人站在越王山城楼上，满眼湖水、荷叶，感慨万千。“酬唱不夸风物好，一心忧国愿年丰”一句，表达了诗人忧国爱民，以天下苍生为念，盼望“年丰”的愿望。

越王城[①]下水溶溶[②]，此乐从今与众同[③]。
满眼芰荷[④]方永日，转头禾黍便西风。

① 越王城：冶城，闽越王无诸所筑，俗称无诸城。越王山，今称为屏山。
② 水溶溶：形容湖面宽广、湖水荡漾的样子。
③ 与众同：指诗人自己当时以布衣身份入闽，与百姓同等。
④ 芰（jì）荷：荷叶。

湖光尽处天容阔，潮信[①]来时海气通。

酬唱不夸风物好，一心忧国愿年丰。

积累

1. 背诵这首诗。

2. 用现代汉语解释下面诗句，说说诗人的内心感受。

酬唱不夸风物好，一心忧国愿年丰。

思考

律诗分为四联：首联、颔联、颈联和尾联。首联是第一、二句；颔联指第三、四句；颈联指第五、六句；尾联指第七、八句。

（1）读《游西湖》，思考颔联和颈联在写景上有什么特点。

（2）如何理解首联中的“乐”与尾联中的“忧”？

① 潮信：指潮水，因其涨落有定时，所以叫潮信。

拓展

历代文人墨客对福州西湖美景赞叹不止，留有众多佳篇。宋代词人辛弃疾在《贺新郎·三山雨中游西湖》中赞曰：“烟雨偏宜晴更好，约略西施未嫁。”明代诗人谢肇淛在《西湖晚泛》中赞曰：“十里柳如丝，湖光晚更奇。”品读宋代李纲的《王丰甫待制会宴湖亭》一诗，说说它与朱熹的《游西湖》在写法上有什么异同。

王丰甫待制会宴湖亭

李　纲

画栋翚飞瞰曲塘，主人情重启华觞。
月摇波影鳞鳞碧，风入荷花苒苒香。
散策幸陪终日适，开襟还喜十分凉。
天涯随分同清赏，何必南园作醉乡。

7. 八声甘州

柳 永

柳永（约 987—约 1053），北宋著名词人，婉约派代表人物。原名三变，字景庄，后改名柳永，字耆卿，因排行第七，又称柳七，今福建武夷山人。自称“奉旨填词柳三变”，是第一位对宋词进行全面革新的词人，也是两宋词坛上创用词调最多的词人。其词多描绘城市风光和歌妓生活，词风婉约，语言通俗，音律谐婉，人称“凡有井水饮处，皆能歌柳词”。代表作有《雨霖铃》《八声甘州》等。

这首词大约作于柳永宦游江浙之时。柳永出身士族家庭，有求仕用世之志。北宋安定统一后，首都歌楼妓馆林立，他被流行歌曲吸引，喜欢与伶工、歌妓为伍，因为谱写俗曲歌词，遭当权者挫辱而不得志。他于是浪迹天涯，用词抒写羁旅之愁和怀才不遇的痛苦愤懑。此词抒写了作者漂泊江湖的愁思和仕途失意的悲慨。上片描绘了雨后清秋夕阳斜照、关河冷落的凄凉之景；下片抒写了词人久客他乡、迫切归家之情。

对潇潇暮雨洒江天，一番洗清秋[①]。渐霜风凄紧[②]，关河[③]冷落，残照当楼。

---

① 一番洗清秋：一番风雨洗出一个凄清的秋天。

② 霜风凄紧：秋风凄凉紧迫。霜风，秋风。凄紧，一作“凄惨”。

③ 关河：函谷关和黄河，后引申为河流和关塞。

是处红衰翠减[1]，苒苒[2]物华休。唯有长江水，无语东流。

不忍登高临远，望故乡渺邈[3]，归思难收。叹年来踪迹，何事苦淹留[4]？想佳人、妆楼颙望[5]，误几回、天际识归舟[6]。争[7]知我、倚阑杆处，正恁凝愁！

积累

1. 下面词句，虽笔墨平淡，却极有表现力，连一向鄙视柳词的苏轼也称赞“此语于诗句不减唐人高处”。请背诵这三句词并将其翻译成现代汉语。

渐霜风凄紧，关河冷落，残照当楼。

____

____

____

2. 虚实结合是诗（词）人常用的手法。以词的下片为例，说说哪些是实写，哪些是虚写。

____

____

____

① 是处红衰翠减：到处花草凋零。是处，到处。红、翠，指代花草树木。语出李商隐《赠荷花》中的“翠减红衰愁杀人”一句。

② 苒（rǎn）苒：同“荏苒”，渐渐的意思，形容时光消逝。

③ 渺邈（miǎo）：渺茫、遥远。

④ 淹留：久留。

⑤ 颙（yóng）望：抬头远望。

⑥ 误几回、天际识归舟：多少次错把远处驶来的船当作心上人回家的船。语出南朝诗人谢朓《之宣城郡出新林浦向板桥》：“天际识归舟，云中辨江树。”

⑦ 争：怎。

思考

1. 词的上片是按什么顺序写景的?

____

____

____

2. 这首词抒写了词人什么样的思想感情?

____

____

____

拓展

柳永表达思乡怀人之情的词作很多。下面这首也是他漂泊异乡,因怀念意中人而作的词。阅读并品析其中“衣带渐宽终不悔,为伊消得人憔悴”一句的妙处。

蝶恋花

柳 永

伫倚危楼[①]风细细。望极春愁,黯黯生天际。草色烟光残照里。无言谁会凭阑意?

拟[②]把疏狂[③]图一醉。对酒当歌,强乐还无味[④]。衣带渐宽[⑤]终不悔。为伊消得[⑥]人憔悴。

---

① 危楼:高楼。
② 拟:打算。
③ 疏狂:生活狂放散漫,不受礼法拘束。
④ 强乐还无味:勉强寻欢作乐,却没有欢乐的味道。
⑤ 衣带渐宽:表示人逐渐瘦了。
⑥ 消得:须得。

8. 潼　关

陈　衍

陈衍（1856—1937），近代文学家。字叔伊，号石遗老人，今福建福州人。自幼随祖父读书写字诵诗，10岁时已读完《书》《诗》《礼》《易》等国学经典。陈衍作为闽派诗的代表人物，其诗作被称为“同光体”，多抒写闲适情趣，吟咏山水之妙，骨力清健。著有《石遗室丛书》《石遗室诗话》《宋诗精华录》等。

潼关位于今陕西省潼关县，地处关中平原东部，雄踞秦、晋、豫三省要冲之地，是我国古代著名关隘之一。潼关地势非常险要，周围山连山，峰连峰，谷深崖绝，山高路狭，中通一条羊肠小道，往来仅容一车一马。历代统治者为了巩固自己的统治地位，都在这里驻屯重兵，设关把守。经宋、明时期多次修葺，潼关保存尚好。

1932年，淞沪战役后，南京失守，日军沿津浦线南北对进，逼近潼关。此年8月，年近八旬的陈衍路经潼关，写下此诗。诗中描述了潼关险要的地势，诗人忆历史，观当下，发出“古今丘貉奈君何”的铿锵强音，表达了抗日的坚定信念和必胜的信心。

潼关[1]形势雄天下，左右被山兼带河。
函谷[2]咽喉重险在，崤陵[3]风雨死声多。
三峰华岳争回顾，一逻中条足浩歌[4]。
肉眼哥舒空百万[5]，古今丘貉奈君何！

积累

古往今来，描写潼关的诗词有很多，请默写一首你熟悉的。

______

______

______

______

______

① 潼关：在今陕西省潼关县东南。北魏郦道元《水经注·河水四》：“（黄）河在关内，南流，潼激关山，因谓之潼关。”

② 函谷：函谷关，在今河南省。

③ 崤陵：山名，在今河南省。

④ 三峰华岳争回顾，一逻中条足浩歌：诗人在潼关“回顾”，可望见华山东、西、北三峰环绕；另一边可望见中条山和黄河，风景壮观奇险。华岳，指华山。

⑤ 哥舒空百万：唐朝将领哥舒翰率兵出关，过黄河时坠死者数万。《后汉书·光武纪》：“赤眉今在河东，但决水灌之，百万之众，可使为鱼。”

思考

1. 诗中潼关的重要性体现在哪些方面？

____

____

____

2. 诗人用“哥舒空百万”的典故，有何用意？

____

____

____

拓展

诵读下面诗句，说说它们与陈衍的《潼关》在描写角度上有什么不同。

峰峦如聚，波涛如怒，山河表里潼关路。

——［元］张养浩《山坡羊·潼关怀古》

荆山已去华山来，日出潼关四扇开。

——［唐］韩愈《次潼关先寄张十二阁老使君》

山势雄三辅，关门扼九州。

——［唐］崔颢《题潼关楼》

西来一曲昆仑水，划断中条太华山。

——［清］峻德《望潼关》

综合性学习：打开福建这扇窗

我们居住的省份——福建，简称“闽”，位于中国东南沿海，与台湾岛隔海相望。福建的地理特点是“依山傍海”“八山一水一分田”。因此，福建特产丰富多样，海产干货五花八门，山货土产琳琅满目。

现在，我们就通过特产来认识家乡，来打开福建的一扇窗。

一、推荐与评选最具特色的本地特产

1. 调查。全班同学分成若干小组，小组成员合作搜集本地特产，将搜集到的特产分类，并通过实地调查、访问和查找资料，确定一种最具特色的特产，制作好相应的 PPT 或资料展示卡。

2. 推荐。各小组自由推荐各自确定的最具特色的本地特产，并阐述理由。

3. 评选。采取各种形式，如，班级互换评审团进行现场评审，邀请科任老师和热心家长组成评审团进行评审，开通网络投票通道进行评审，等等，分别评选出“最具特色特产”“最具影响力特产”“最具潜力特产”等。

4. 成果汇报。利用网络展示各小组成果，向外地朋友推介本地特产。

二、实地考察，为相关部门献言献策

1. 通过小组合作，制定一张本地特产情况调查表，对本地特产展开调查，包括独有性、种类、现状、传承情况、存在问题等方面。调查对象力求涵盖与本地特产相关的人群，包括特产制作人（生产商）、经销商、工商管理部门、市场管理人员、购买人群等。

2. 回收调查表，统计数据，总结发现。

3. 组织活动，交流得出的结论，给相关部门提出合理的建议。

>>> 三、举行辩论会，促进、提升客观认知 <<<<<<<<<<<<<<

开展班级或年级辩论会，针对“土特产是否有必要保护传承”“加大土特产的开发投入和保护对福建经济、文化的影响是利大于弊，还是弊大于利”等辩题展开辩论。

参考资料

【资料一】

部分福建特产

福州牛角梳：福州“三宝”之一。采用中国南方水牛角为原料。全手工打磨，造型美观，经久耐用，手感温润如玉，厚实，梳头发不起静电。好的牛角梳质地坚实、不易弯裂、不伤头发，有很好的护发效果。每天用牛角梳梳头数次，相当于按摩头皮和头部神经，有促进血液循环、放松紧张情绪和缓解疲劳的作用。

安溪铁观音：安溪是中国乌龙茶的主产区，种茶历史悠久，早在唐代就出产茶叶。安溪境内气候温和，雨水充沛，终年云雾缭绕，山清水秀，适于茶树生长。“铁观音”既是茶叶名，也是茶树品种名。铁观音茶介于绿茶和红茶之间，属于半发酵茶类。铁观音冲泡后有天然的兰花香，滋味醇浓，香气馥郁持久，有“七泡有余香”之誉。

平和蜜柚：产于漳州平和的著名水果，至今已有500多年的栽培历史，曾在清朝乾隆年间被列为朝廷贡品。其色橙黄鲜艳，果大，味佳，皮薄，肉嫩，汁多，甜酸爽口，无籽，耐贮，素有“天然水果罐头”之美称。

闽侯酸枣糕：又称野山枣糕，以天然野酸枣为原料，经果物保鲜，脱皮去核，加入蔗糖，煮沸，浓缩，自然风干，切块而成。色泽透明，美似琥珀，口感韧软。含有丰富的维生素C、果胶、氨基酸、钙、铁、锌等营养成分。

……

【资料二】

如何更好地辩论

辩论，是通过观点交锋展现思维与口才、学识与阅历的最佳形式。

辩论双方彼此用一定的理由来说明自己对事物或问题的见解，揭露对方的矛盾，以便最后达到共同的认识和意见。辩论可以培养人的思维能力。

从语言的角度，辩论有说服性、逻辑性、目的性、健康性等特点：

1. 说服性

辩论者应具有多种良好的心理素质。自信是辩论者必须首先具有的良好心理素质。辩论时，自信我方必胜、对方必败，有战胜对方的勇气，才能用语言的力量征服对方，达到自己的目的，辩明真理。

2. 逻辑性

辩论语言极富灵活性。但理由充足、富有逻辑性的辩论语言才能使对方心悦诚服。斯大林曾这样描绘列宁："当时使我佩服的是列宁演说中那种不可战胜的逻辑力量，这种逻辑力量虽然有些枯燥，但是它能够紧紧地抓住听众，一步步地感动听众，然后就把听众俘虏得一个不剩。我记得当时有很多代表说：列宁演说中的逻辑好像万能的触角，从各方面把你钳住，使你无法脱身；不是投降，就是完全失败。"正是列宁语言中那种强大的逻辑力量，让斯大林折服。

说服性必须建立在逻辑性的基础上。要想辩论的语言符合逻辑，就要避免语无伦次、似是而非、矛盾百出等现象的出现。

3. 目的性

辩论是一种一定要辩明是非曲直的激烈角逐。辩论双方针对对方的漏洞、谬误，有的放矢地驾驭有声语言，试图击败对方，使己方论点得以确立。

4. 健康性

辩论是一种有益的理智的口头交流活动，不是庸俗无聊的"斗嘴"。鲁迅曾说："辱骂和恐吓绝不是战斗。"可是，有些人在辩论中容易冲动，出言不逊。因此，遵守健康性这一语言原则显得尤为重要。脱离了健康性的辩论只会沦为粗俗的人身攻击。

在辩论中，我们应当遵循说服性、逻辑性、目的性和健康性等语言原则。只有这样，我们才能体会"一人之辩，重于九鼎之说；三寸之舌，强于百万之师"的深刻含义，才能在辩论中所向披靡，做到既善辩明理，又风度翩翩。

第二单元

赤诚童心

南方物产丰盛，四季气候宜人，人们的心地往往善良柔软。在海风的吹拂和海浪的喧腾中，人们的胸怀变得更为辽阔，眼光也能投到更遥远的地方。

这一单元选取闽籍作家郑振铎的文章，以颂扬五四时代的进取精神。郑振铎曾在儿童文学领域作出开创性的贡献，而文坛祖母冰心更是中国儿童文学的奠基人，她那些关于爱与美的文字温暖了一代代小读者。许地山的《落花生》朴实无华，却蕴含深刻的人生哲理。郭风的《叶笛》，吹奏出散文诗的悠扬之韵。儿童文学界“长青树”林良的散文堪称养心佳作。

赤子之心是回归纯真自然，是守住纯美天性。希望大家在阅读这组清新明快的文章时，能感受到爱与美、自由与温暖。

1. 我是少年

郑振铎

郑振铎（1897—1966），字西谛，祖籍福州长乐，现代著名作家、学者、社会活动家。1920年，他与沈雁冰等人发起成立文学研究会，创办《文学周刊》与《小说月报》，曾任《小说月报》主编，提倡“为人生”的现实主义文学；后至北京燕京大学、清华大学等高校任教；1949年后，成为新中国文化事业的重要领导者。著有短篇小说集《家庭的故事》《桂公塘》，散文集《山中杂记》，专著《文学大纲》《中国俗文学史》《中国文学论集》《俄国文学史略》等。

此诗是郑振铎1919年正式发表的第一首新诗。当时，他不仅投身五四新文化运动，还与新文化运动的领袖人物李大钊、陈独秀等建立了联系。同年，他与瞿秋白等创办了《新社会》旬刊。此诗即发表在该刊的创刊号上，在发刊词中他表示要创造一个“自由平等，没有一切阶级一切战争的和平幸福的新社会”。全诗虽然在形式上略嫌直白、粗糙，但以气势取胜，以激情动人。通篇用了二十个“我”和九个“进前”，彰显了反抗叛逆和热烈进取的决心，让人感受到浓烈的五四时代精神。

一

我是少年！我是少年！
我有如炬的眼，
我有思想如泉。

我有牺牲的精神，

我有自由不可捐。

我过不惯偶像似的流年，

我看不惯奴隶的苟安。

我起！我起！

我欲打破一切的威权。

二

我是少年！我是少年！

我有喷腾的热血和活泼进取的气象。

我欲进前！进前！进前！

我有同胞的情感，

我有博爱的心田。

我看见前面的光明，

我欲驶破浪的大船，

满载可怜的同胞，

进前！进前！进前！

不管它浊浪排空，狂飙肆虐，

我只向光明的所在，进前！进前！进前！

积累

查字典，了解下列词语的意思，并尝试造句。

（1）偶像：______

（2）苟安：______

（3）博爱：______

（4）满载：______

（5）浊浪排空：______

（6）狂飙肆虐：______

思考

1. 诗中的“少年”是一个什么样的形象？请结合诗句简要分析。

2. 作者以“少年”这个形象表达了怎样的情感？请尝试简要分析。

2. 忆读书

冰　心

冰心（1900—1999），原名谢婉莹，福州长乐人，现当代著名文学家、翻译家和社会活动家。其小说大多清新隽永，富有一定的哲理和诗意，代表作有《两个家庭》等；其散文以文字清丽、思想纯洁、风格典雅著称于世，代表作有散文集《寄小读者》等；其诗歌语言质朴、寓意深刻，代表作有《繁星》《春水》等。冰心是中国儿童文学的奠基人，被尊称为“文坛祖母”“世纪老人”，她的儿童文学作品充满爱和希望，寓教育于情趣中，以情感人。

本文主要向青少年讲述有关读书的问题。不同于其他同类文章，本文另辟蹊径，不用说教的口吻，而采用叙事的方式，讲述作者读书的亲身经历，让读者在读的过程中真切感受读书的丰富滋味，跟随作者一同成长，直到文章结尾得出结论：“读书好，多读书，读好书。”本文文笔温和亲切，开篇“一谈到读书，我的话就多了！”一句，拉近了作者和读者的距离；语言清新纯美，娓娓道来，如清澈的泉水缓缓流进读者心中，令人印象深刻。

一谈到读书，我的话就多了！

我自从会认字后不到几年，就开始读书。倒不是四岁时读母亲教给我的商务印书馆出版的国文教科书第一册的“天，地，日，月，山，水，土，木”以后的那几册，而是七岁时开始自己读的“话说天下大势，分久必合，合久必分……”的《三国演义》。

那时我的舅父杨子敬先生每天晚饭后必给我们几个表兄妹讲一段《三国演义》，我听得津津有味，什么“宴桃园豪杰三结义，斩黄巾英雄首立功”，真是好听极了，但是他讲了半个钟头，就停下去干他的公事了。我只好带着对于故事下文的无限悬念，在母亲的催促下，含泪上床。

此后我决定咬了牙拿起一本《三国演义》来，自己一知半解地读了下去，居然越看越懂，虽然字音都读得不对，比如把“凯”念作“岂”，把“诸”念作“者”之类，因为就只学过那个字一半部分。

谈到《三国演义》，我第一次读到关羽死了，哭了一场，便把书丢下了。第二次再读时，到诸葛亮死了，又哭了一场，又把书丢下了，最后忘了是什么时候才把全书读到“分久必合”的结局。

这时，我同时还看了母亲针线笸箩里常放着的那几本《聊斋志异》，聊斋故事是短篇的，可以随时拿起放下，又是文言的，这对于我的作文课很有帮助。因为我的作文老师曾在我的作文本上，批着“柳州风骨，长吉清才”的句子，其实我那时还没有读过柳宗元和李贺的文章，只因那时的作文，都是用文言写的。

因为看《三国演义》引起了我对章回小说的兴趣，对于那部述说“官逼民反”的《水浒传》大加欣赏。那部书里着力描写的人物，如林冲——林教头风雪山神庙一回，看了使我气愤填胸！武松、鲁智深等人，都有其自己极其生动的风格，虽然因为作者要凑成三十六天罡七十二地煞勉勉强强地满了一百零八人的数目，我觉得也比没有人物个性的《荡寇志》强多了。

《精忠说岳》并没有给我留下太大的印象，虽然岳飞是我从小就崇拜的最伟大的爱国英雄。在此顺便说一句，我酷爱古典诗词，但能够从头背到底的，只有岳武穆的《满江红》“怒发冲冠”那一首，还有就是李清照的《声声慢》，她那几个叠字：“寻寻觅觅，冷冷清清，凄凄惨惨戚戚……”写得十分动人，尤其是以“寻寻觅觅”起头，描写尽了“若有所失”的无聊情绪。

到我 11 岁时，回到故乡的福州，在我祖父的书桌上看到了林琴南老先生送给他的《茶花女遗事》，使我对于林译外国小说，有了广泛的兴趣，那时只要我手里有几角钱，就请人去买林译小说来看，这又使我知道了许多外国的人情世故。

《红楼梦》是在我十二三岁时候看的，起初我对它的兴趣并不大，贾宝玉的女声女气，林黛玉的哭哭啼啼都使我厌烦，还是到了中年以后，再拿起这部书看时，才尝到“满纸荒唐言，一把辛酸泪”，一个朝代和家庭的兴亡盛衰的滋味。

总而言之，统而言之，我这一辈子读到的中外的文艺作品，不能算太少。我永远感到读书是我生命中最大的快乐！从读书中我还得到了做人处世的“独立思考”的大道理，这都是从“修身”课本中所得不到的。

我自 1986 年到日本访问回来后即因伤腿闭门不出，“行万里路”做不到了，“读万卷书”更是我唯一的消遣。我每天都会得到许多书刊，知道了许多事情，也认识了许多人物。同时，书看多了，我也会挑选、比较。比如说看了精彩的《西游记》就会丢下烦琐的《封神榜》，看了人物栩栩如生的《水浒传》就不会看索然无味的《荡寇志》，等等。对于现代的文艺作品，那些写得朦朦胧胧的，堆砌了许多华丽的词句的，无病而呻吟、自作多情的风花雪月的文字，我一看就从脑中抹去，但是那些满带着真情实感、十分质朴浅显的篇章，哪怕只有几百上千字，也往往使我心动神移，不能自已！

书看多了，从中也得到一个体会：物怕比，人怕比，书也怕比，“不比不知道，一比吓一跳。”

因此，有某年的六一国际儿童节，有个儿童刊物要我给儿童写几句指导读书的话，我只写了九个字，就是：

读书好，多读书，读好书。

积累

查字典，了解下列词语的意思，并尝试造句。

（1）悬念：________________

（2）无聊：________________

（3）消遣：________________

（4）津津有味：________________

（5）人情世故：________________

（6）风花雪月：________________

思考

1. 作者读《三国演义》的经历，在“应该怎样读书”方面给了你什么启示？请结合文本简要分析。

____

____

____

2. 作者说：“我永远感到读书是我生命中最大的快乐！”请结合自己的阅读经历，谈谈你对这句话的理解和体会。

____

____

____

拓展

利用课外时间阅读冰心的其他作品，并在小组内交流阅读心得。

繁星（节选）

冰　心

一

繁星闪烁着——
深蓝的太空，
何曾听得见它们对语？
沉默中，
微光里，
它们深深的互相颂赞了。

二

童年呵！
是梦中的真，
是真中的梦，
是回忆时含泪的微笑。

四

小弟弟呵！
我灵魂中三颗光明喜乐的星。
温柔的，
无可言说的，
灵魂深处的孩子呵！

十

嫩绿的芽儿，
和青年说：
“发展你自己！”
淡白的花儿，
和青年说：
“贡献你自己！”
深红的果儿，
和青年说：
“牺牲你自己！”

十六

青年人呵！
为着后来的回忆，
小心着意地描你现在的图画。

3. 落花生

许地山

许地山（1893—1941），名赞堃，字地山，笔名落花生，现代著名小说家、散文家、五四时期新文学运动先驱者之一。他生于台湾，中日甲午战争爆发后，其父不愿做亡国奴，举家迁回大陆，落籍漳州。他曾任燕京大学、香港大学教授等职。许地山一生著作颇多，代表作有《空山灵雨》《缀网劳蛛》《危巢坠简》《落花生》等。

《落花生》用平淡如水的记叙，寄寓了作者的深情。收获的夜晚，父母兄弟姐妹围坐一起，一边品尝自己劳动所收获的花生，一边亲切闲谈、热烈讨论，家庭温暖和天伦之乐跃然纸上！父亲的循循善诱，看似平常，却蕴含深沉博大的父爱。本文言浅意深，语言浅显、简洁，描写的是世间常见又微小的花生，却揭示了朴素的做人道理，引发我们遐想和深思。

我们家的后园有半亩空地，母亲说：“让它荒着怪可惜的，你们那么爱吃花生，就开辟出来种花生吧。”我们姐弟几个都很高兴，买种，翻地，播种，浇水，施肥，没过几个月，居然收获了。

母亲说：“今晚我们过一个收获节，请你们父亲也来尝尝我们的落花生，好不好？”母亲把花生做成了好几样食品，还吩咐就在后园的茅草亭过这个节。

晚上天色不太好，可是父亲也来了，实在很难得。

父亲说：“你们爱吃花生吗？”

我们争着答应：“爱！”

“谁能把花生的好处说出来？”

姐姐说：“花生的味儿美。”

哥哥说：“花生可以榨油。”

我说：“花生的价钱便宜，谁都可以买来吃，都喜欢吃。这就是它的好处。”

父亲说：“花生的好处很多，有一样最可贵：它的果实埋在地里，不像桃子、石榴、苹果那样，把鲜红嫩绿的果实高高地挂在枝头上，使人一见就生爱慕之心。你们看它矮矮地长在地上，等到成熟了，也不能立刻分辨出来它有没有果实，必须挖起来才知道。”

我们都说是，母亲也点点头。

父亲接下去说：“所以你们要像花生一样，它虽然不好看，可是很有用。”

我说：“那么，人要做有用的人，不要做只讲体面，而对别人没有好处的人。”

父亲说：“对。这是我对你们的希望。”

我们谈到深夜才散。花生做的食品都吃完了，父亲的话却深深地印在我的心上。

积累

查字典，了解下列词语的意思，并尝试造句。

（1）居然：____________________

（2）吩咐：____________________

（3）嫩绿：____________________

（4）爱慕：____________________

（5）分辨：____________________

思考

1. 文章的主旨是什么？作者又是怎样表现主旨的？请结合文本简要分析。

____

____

____

2. 父亲说，花生“等到成熟了，也不能立刻分辨出来它有没有果实，必须挖起来才知道”。这给了你怎样的人生启示？谈谈你对这句话的理解和体会。

____

____

____

拓展

《空山灵雨》是许地山的一本散文集。这本散文集的名字恰如其分地概括了他的写作风格——“空”与“灵”的韵味境界，也体现了他在艺术上的独特造诣。阅读下面这篇散文，体会其中的哲理。

海

许地山

我的朋友说：“人的自由和希望，一到海面就完全失掉了！因为我们太不上算，在这无涯浪中无从显出我们有限的能力和意志。”

我说：“我们浮在这上面，眼前虽不能十分如意，但后来要遇着的，或者超乎我们的能力和意志之外。所以在一个风狂浪骇的海面上，不能准说我们要到什么地方就可以到达什么地方；我们只能把性命先保持住，随着波涛颠来簸去便了。”

我们坐在一只不如意的救生船里，眼看着载我们到半海就毁坏的大船渐渐沉下去。

我的朋友说：“你看，那要载我们到目的地的船快要歇息去了！现在在这茫茫的空海中，我们可没有主意啦。”

幸而同船的人，心忧得很，没有注意听他的话。我把他的手摇了一下说：“朋友，这是你纵谈的时候么？你不帮着划桨么？”

“划桨么？这是容易的事。但要划到哪里去呢？”

我说：“在一切的海里，遇着这样的光景，谁也没有带着主意下来，谁也脱不了在上面泛来泛去。我们尽管划吧。”

4. 叶　笛

郭　风

郭风（1917—2010），原名郭嘉桂，福建莆田人，著名作家。其早期作品质朴清新，饶有天趣，贮满诗情画意；晚年作品追求自然、本色、纯朴，具有更广阔的历史感和更深沉的哲理意蕴。著有童话诗集《木偶戏》，童话作品集《红菇们的旅行》《孙悟空在我们村里》，散文诗集《叶笛集》《会飞的种子》，散文集《小小的履印》《唱吧，山溪》等。

将两片绿叶折叠起来，放在嘴唇上一吹，就能发出各种声调，这种简单的“乐器”就是叶笛。郭风的散文诗《叶笛》抓住叶笛这种乡村常见的事物，进行高度艺术化和典型化，用短小灵活、轻便自由的散文诗形式，表达自己的感受与情思，展示生活之美。本诗感情真挚自然，语言单纯清丽，想象力丰富，乡土气息浓郁。

呵，故乡的叶笛。

那只是两片绿叶，把它放在嘴唇上，于是像我们的祖先一样。

吹出了对乡土的深沉眷恋，吹出了对于故乡景色的激越的赞美，

吹出了对于生活的爱，吹出了自由的歌，劳动的歌，火焰似的燃烧着的青春的歌……

像民歌那么朴素。

像抒情诗那么单纯。

比酒还强烈。

啊，故乡的叶笛。

那只是两片绿叶。把它放在嘴唇上，于是从肺腑里，从心的深处，

吹出了劳动的胜利的激情，吹出了万人的喜悦和对于太阳的赞歌，

吹出了对于人民的权力的礼赞，吹出了光明的歌，幸福的歌，太阳似的升在空中的旗帜的歌！

那笛声里，有故乡绿色平原上青草的香味，

有四月的龙眼花的香味，

有太阳的光明。

积累

查字典，了解下列词语的意思，并尝试造句。

（1）眷恋：________

（2）激越：________

（3）肺腑：________

（4）礼赞：________

思考

作者在诗歌的第一节和第三节中主要抒发了什么感情？请结合诗句简要分析。

____

____

____

____

____

____

拓展

利用课余时间阅读郭风的《夜宿泉州》。

夜宿泉州（节选）

郭　风

温馨的、有点潮湿的、南方的夜降落在城市的林梢和屋檐前。一枚新月好像一朵橘子花，宁静地开放在浅蓝色的天空中。

城市在闪耀着它的宝石似的光辉，散发着豆蔻一般的香味。泉州，你经历过多少风险，珍藏了这样多的瑰宝？啊，那林立的碑坊，那雄伟的东塔和西塔，那开元寺紫云大殿后面希腊哥林多式的廊柱雕刻，大殿前面平台基石上古埃及式的人面兽身的浮雕，那以青色花岗石建筑的、具有古叙利亚建筑风味的清真寺……它们怎样越过时间的长河，掩映在你的林荫中，在月色里默默地沉思？

轻风从旅馆的窗口悄悄地吹过。啊，那风中仿佛吹来大海的凉气和港湾里夜潮的喧腾。泉州，时代过去了，我仿佛还能看见你的港湾里布满古代的船舶。那从波斯湾和印度洋出发的帆船的队伍，它们照着太阳上升的方向，来到你这里。那从婆罗洲和摩鹿加群岛出发的商船的队伍，借着大洋的季风，鼓起它们的风帆，来到你这里。泉州，时代过去了，我仿佛还能看见你的仓库里堆满各色的货物，笼罩着乳香和没药、咖啡和可可、檀香和蔷薇水的香味。我仿佛还能看见在你的码头上，在你的街道上和小巷里，横过绿色的稻田，走动着世界上各种肤色的人们；啊，那从西里伯群岛前来的旅队，身上还披着热带太阳的芬芳和明月的光辉，我仿佛还能看见那从亚历山大港来的水手，给你带来非洲地带的爱情和音乐，那从恒河流域前来的僧侣，给你带来印度梵文的佛典，那从波斯湾沿岸前来的商人，给你带来菠菜的种子，撒在你的河边和田野里……啊，那还是人类航海的黎明时期，越过漫长的中世纪，泉州，在长久以前的时期，你便是世界海岸的一个中心。在漫长的历史年代里，中外文化的交流，在这里开放美丽的花朵。啊，我仿佛触摸得到一幅地图：在这上面，泉州，你好像林荫中的一朵金玫瑰，披着月色在那里闪光，发出深沉的香味。

5. 从从容容，稳稳当当

林 良

林良（1924—2019），笔名子敏，福建厦门人，1946年赴台湾。他为儿童写作长达65年，是台湾儿童文学界公认的“大家长”“长青树”，有“台湾现当代儿童文学之父”之称。出版《树叶船》《青蛙歌团》《月球火车》等图画书作品十余册，散文作品《小太阳》《爸爸的16封信》《林良爷爷的30封信》等多册，儿童故事《我是一只狐狸狗》，儿童文学论文集《浅语的艺术》《纯真的境界》等，另外翻译有国外经典儿童文学作品二百多册。

《爸爸的16封信》写于林良的大女儿樱樱上中学之时，当时她正面临许多人生问题，而林良忙于写作，无法歇笔和女儿面对面谈话，只好在完稿后的深夜，把自己对女儿的建议与想法写成信，让她第二天阅读，本文是其中的一篇。书信的私密性，使文中为人处世的教导不仅不显得生硬，反而让人觉得神秘、亲切、温暖。林良认为儿童文学是“浅语的艺术”。他说，“浅语是指儿童听得懂、看得懂的浅显语言”，但同时又是艺术的，浅而不白，浅而有味。

樱樱：

这几天，我替你做了一个有趣的小统计，发现你在三天里头，一共丢了四样东西。星期一，你丢了公共汽车月票。星期二，你丢了钢笔和三角尺。星期三，你甚至丢了系制服裙的皮带。事实上，这些东西都不能算“丢了”，因为我都帮你找回来了。公共汽车月票是夹在你看的那本《风萧萧》里，钢笔在地板上，三角尺在地图集里，皮带就挂在你的脖子上。这些有趣的事情所以会发生，都是因为“匆忙”。

每天早晨，我常常在7点10分你该上学去的时候，听你大叫一声：“哎呀，来不及了！”接着就是：“我的公交车月票呢？”“我的钢笔呢？”“谁拿走我的三角尺？”“谁拿走我的皮带？”我夜里都要写稿，睡得很迟。你的叫喊声使我不安，只好勉强睁开睡眼，爬下床来，帮你找东西。其实那不算“找”。我知道你不过是心里慌，需要人帮忙就是了。我是替你“拿”东西，让你出得了门，让你上学不迟到。

为什么你一直是那么匆匆忙忙，慌慌张张？为什么你不能从从容容，稳稳当当的，像李熙容一样？

每次李熙容来找你，我一看到她，就会想到你，不觉笑了起来。有一次，李熙容问我为什么笑，我不得不告诉她：“一看到你，我就想起樱樱。你们俩是强烈的‘对比’！”

李熙容知道我说的是什么，她忍不住也笑了。

她是你最好的同学，我形容她的仪态，你不会觉得陌生。她摁电铃一向只摁两短声，就安心地在大门外等。我怕她久等，匆匆忙忙去开门，她却含笑问好，没有一点儿焦躁的样子。我注意到她每次回家时，都是先整理好带来的书，然后才站起来告辞，从容地离开，舒徐，和缓，稳重，给人一种安适的感觉。

你给我的印象是另外一型。你回家摁电铃就像发生了什么急事，那气氛逼得人喘不过气来。开门的时候，你总是问：“怎么这么慢？”你似乎不知道，走路去开门，也需要一点起码的时间。进了门，你坐立不安，团团乱转。“功课太多了，怎么办？”你说。你把书包里的书全倒在桌子上，抓一本，扔一本，唉声叹气。一二十分钟过去了，你只在那里焦躁，什么事情也没做。你给人一种“急迫”的感觉。

今天晚上，你临睡的时候，神色慌张地跑到书房来看我，说："怎么办？我的一本地图丢了。明天上课要用的。"我只好把我的一本地图给了你。过了一会儿，你又笑眯眯地回到书房来，把地图交还我，说："地图没丢，在我的书包里。"

我问你："刚才你怎么会想到准备地图？"

你说："忽然想到的。"

我劝你不如就去整理书包，把明天要带的书本都准备好。你的回答是："明天再说吧。现在已经太晚了，我得赶紧去睡了。"

我终于发现使你这么匆忙慌张的真正原因是什么了。

你是不计划的，不讲条理的，你所依靠的是"忽然想起"。你是不准备，不安排的，你喜欢"到时候再说"。因为你全靠"忽然想起"，所以一想起就紧张。你全靠"到时候再说"，因此到了时候常常已经来不及了。

我做事喜欢先有个大概计划，想做些什么，该在什么时候做，都先想好了。做的时候，又喜欢"提早五分钟开始"，使时间显得充分，显得有余。你看到我上班总是提前五分钟出门，因此万一忘了带手帕，忘了带办公桌抽屉的钥匙，都有足够的时间回来拿。星期三非交不可的稿子，我喜欢在星期二就写好。我在夜里准备好第二天早晨要带出门的东西。

我不依靠"忽然想起"，我喜欢"早早去想"。我绝对不放心"到时候再说"，我喜欢"先准备好"。我永远不"赶"。不赶就能从容，从容就不容易出错。

我想，李熙容一定也懂得这个道理，所以她有一种从容不迫的风采。

爸爸

积累

查字典，了解下列词语的意思，并尝试造句。

（1）勉强：________________

（2）仪态：________________

（3）焦躁：________________

（4）和缓：________________

（5）安适：________________

（6）急迫：________________

思考

1. 关于做事方式，文中主要有两处对比：一是李熙容与樱樱的对比，二是樱樱与爸爸的对比。请简要分析这些对比的作用。

____

____

____

____

2. 在给女儿的信中，爸爸写的都是一些生活小事，可是读完又让人觉得“小事不小”。请结合自己的生活经历，谈谈你的理解和体会。

____

____

____

____

拓展

利用课外时间阅读林良的散文作品，如《小太阳》《爸爸的16封信》《林良爷爷的30封信》等，并选择其中之一，写一篇读后感。

综合性学习：探寻赤诚的童心

在这个世界上，最珍贵的是什么？是你苦心经营后拥有的财产，或是你几番周折后获取的名位？还是历经沧桑、饱尝艰辛后，你依然不变的那颗纯真的童心？童心是什么？《现代汉语词典》（第7版）是这样解释的：小孩子的天真纯朴的心；像小孩子那样的天真纯朴的心。也就是说，童心不是小孩子的专利，长大了也可以拥有赤诚的童心。随着年龄的增长，还能保持一颗赤诚的童心更弥足珍贵。泉州先贤李贽云："夫童心者，真心也。若以童心为不可，是以真心为不可也。夫童心者，绝假纯真，最初一念之本心也。若失却童心，便失却真心；失却真心，便失却真人。人而非真，全不复有初矣。"成长，让我们告别无知和迷茫，丰富自我，融入世界；而成熟，则让我们过滤掉俗气，回到最初的纯真自然，守住纯美的天性。

请大家根据自己的兴趣和条件，在老师的指导下，有选择地开展相关活动。

一、立足乡土，找寻童趣

我们的故乡蕴含着丰富的地域资源，既有历史的传承，也有文化的积淀，更有乡土的特色。请从下面三项中选择一项，开展活动。

1. 你的家乡有没有不同历史时期的文化遗迹，如民居、廊桥等。可以组织实地考察，寻访文化遗址，探寻有关童心、童趣的历史留存，如儿歌、图画、游戏、雕刻等。事先查找资料，访问当地老人，了解情况；在考察中拍摄资料，做好记录；考察结束后写一篇日记，记下自己的见闻和感受。

2. 如有条件，了解你周围有哪些研究乡土文化的学者或专家，或登门拜访，或请他们来学校，听听他们介绍乡土文化中的童心和童趣。

3. 在班上开一个讨论会，请同学们交流一下自己的童年趣事，谈谈自己对童心的内涵、意义和价值的理解。

二、文艺作品与赤诚童心

在以下两个问题中任选一题，开一个主题班会。

1. 你也许看过一些表现童心的文学作品或影视作品，那些表现童心的片段，可能让你会心一笑，或让你有所思，也会使你对此类文艺作品形成一些自己的看法。围绕以下方面开展活动：

①收集古今描写童心、童趣的诗词。

②讲一讲你认为精彩的一个片段。

③谈一谈某部文学作品所塑造的人物形象。

2. 童心、童趣沉淀在我们深厚的文化沃土之中。了解它们，既可以丰富我们的文化积累，也有助于我们保有一颗赤诚的童心。请就以下两项内容进行探究，展开交流：

①收集、讨论关于童心、童趣的故事。

②收集、讨论关于童心、童趣的名言。

三、珍惜童心，永葆童心

在下面几个话题中选择一个展开讨论：

1. 在十几年的成长过程中，我们会遇到很多事，见到很多人。升学的压力，交友的困惑，让我们逐渐成熟，也渐渐藏起了童心。有人认为，保有一颗童心，我们会更快乐，童心未泯并不是说明我们幼稚。对此，你怎么看？

2. 钱锺书在清华大学工作的时候，养过一只小猫。小猫长大后，经常和邻居林徽因家一只名为“爱的焦点”的小猫打架。每到半夜两猫打架的时候，不管多冷，钱锺书都会急忙拿起自己早就备好的长竹竿，帮自己的小猫打架。对于国学大师的这一举动，你有什么想法？

在以上各项活动的基础上，从下面题目中再任选一题完成。

①以“赤诚童心”为主题，自拟题目，写一篇作文，文体、字数不限。

②尝试写一篇关于“童心”“童趣”的调查报告，字数不限。

参考资料

一、描写童心、童趣的古诗

蓬头稚子学垂纶，侧坐莓苔草映身。路人借问遥招手，怕得鱼惊不应人。

——［唐］胡令能《小儿垂钓》

篱落疏疏一径深，树头新绿未成阴。儿童急走追黄蝶，飞入菜花无处寻。

——［宋］杨万里《宿新市徐公店二首（其二）》

昼出耘田夜绩麻，村庄儿女各当家。童孙未解供耕织，也傍桑阴学种瓜。

——［宋］范成大《四时田园杂兴·其三十一》

重重叠叠上瑶台，几度呼童扫不开。刚被太阳收拾去，却教明月送将来。

——［宋］苏轼《花影》

茅檐低小，溪上青青草。醉里吴音相媚好，白发谁家翁媪？大儿锄豆溪东，中儿正织鸡笼。最喜小儿亡赖，溪头卧剥莲蓬。

——［宋］辛弃疾《清平乐·村居》

草长莺飞二月天，拂堤杨柳醉春烟。儿童散学归来早，忙趁东风放纸鸢。

——［清］高鼎《村居》

二、与童心有关的词语、格言

童言无忌　天真烂漫　赤子之心　童心未泯

我们必须会变成小孩子，才配做小孩子的先生。——陶行知

大自然希望儿童在成人以前就要像儿童的样子。——［法］卢梭

我们要像对待荷叶上的露珠一样，小心翼翼地保护儿童的心灵。——［苏联］苏霍姆林斯基

第三单元

美丽故乡

故乡的山水，故乡的风土人情，总是令游子魂牵梦萦。思念与回忆，化作一段段感人的文字，织成一幅幅绚丽的画。

这一单元选取了冰心、林语堂、胡也频、谢冕等名家写故乡的文章。我们可以从中感受到浓浓的思乡之情和炽热的恋乡情结。一道道风景，一声声乡音，一桩桩人事，牵动游子的情思，唤醒记忆深处的泉源。孙绍振先生归化泉州，源于乡民的善良与热情，帮他度过生命中最艰难的日子。林纾的文章充满对故居、故人的思念。曹学佺、陈宝琛的文章，则表达了对闽地山川的热爱与欣赏。

这一组带着情感温度的文章，将引领我们走进美丽的故乡，触摸那里的山川河流，回到故友亲朋的身边，感受久违的温情。

1. 故乡的风采

冰 心

这是作者年逾九旬时写下的一篇散文随笔。作者离开家乡近 80 载，回首故乡，感慨万千，满怀深情地写了这篇文章。记忆的闸门被冲开，作者的脑海里闪现出故乡的山水、故乡的风土人情及故乡的人杰地灵等：从小时候过端午节的情景到福州城内随处可见的如伞如盖的榕树，从城内的三山到健美的农妇，再到严复、林纾、林则徐等名扬天下的仁人志士，全部诉诸笔端，激情飞扬，情真意切。全文一气呵成，自然亲切，看似没有什么技巧，也无刻意雕琢的痕迹，却文采斐然，感人至深。文中有诸多福州文化元素，阅读时要特别关注。

1911 年冬天当我从波澜壮阔的渤海边的山东烟台，回到微波粼粼的碧绿的闽江边的福建福州时，我曾写过这样的惊喜的话：我只知道有蔚蓝的海 / 却原来还有这碧绿的江 / 这是我的父母之乡！

在这山清水秀、柳绿花红的父母之乡的大家庭温暖热闹的怀抱里，我度过了新年、元宵、端午、中秋等绚烂节日，但是使我永远不忘的却是端午节。

我的曾祖父是在端午那一天逝世的，所以在我们堂屋后厅的墙上，高高地挂着曾祖父的画像，两旁挂着一副祖父手书的对联：

谁道五丝能续命

每逢佳节倍思亲

虽然每年的端午节，我们四房的十几个堂兄弟姐妹，总是互相炫示从自己的外婆家送来的红兜肚、五色线缠成的小粽子和绣花的小荷包等，但是一看到祖父在这一天却是特别地沉默时，我们便悄悄地躲到后花园里去纵情欢笑。

对于我，故乡的“绿”，最使我倾倒！无论是竹子也好，榕树也好……其实最伟大的还是榕树。它是油绿油绿的，在巨大的树干之外，它的繁枝，一垂到地上，就入土生根。走到一棵大榕树下，就像进入一片凉爽的丛林，怪不得人称福州为榕城，而我的二堂姐的名字，也叫作“婉榕”。

福州城内还有三座山，乌石山、于山和屏山（1936 年我到意大利的罗马时，当罗马友人对我夸说罗马城是建立在七座山头时，我就笑说：在我们中国的福建省小小的围墙内，也就有三座山）。我只记得我去过乌石山，因为在那座山上有两块很平滑的大石头，相倚而立，十分奇特，人家说这叫作“桃瓣李片”，因为它们像是一片桃子和一片李子倚在一起，这两片奇石给我的印象很深。

现在我要写的是：“天下之最”的福州的健美的农妇！我在从闽江桥上坐轿子进城的途中，向外看时惊喜地发现满街上来来往往的尽是些健美的农妇！她们皮肤白皙，乌黑的头发上插着左右三条刀刃般雪亮的银簪子，穿着青色的衣裤，赤着脚，袖口和裤腿都挽了起来，肩上挑的是菜筐、水桶以及各种各色可以用肩膀挑起来的东西，健步如飞，充分挥洒出解放了的妇女的气派！这和我在山东看到的小脚女人跪在田地里做活的光景，心理上的苦乐有天壤之别。我的心底涌出了一种说不出来的痛快！在以后的几十年中，我也见到了日本、美国、英国、法国和苏联的农村妇女，觉得天下没有一个国家的农村妇女，能和我的故乡的“三条簪”相比，在俊俏上，在勇健上，在打扮上，都差得太远了！

我也不要光谈故乡的妇女，还有几位长者，是我祖父的朋友，在国内也是名人：第一位是严复老先生。就是他把我的十七岁的父亲带到他任教的天津水师学堂去的。我在父亲的书桌上看到了严老先生译的英国名家斯宾塞写的《群学肄言》和穆勒写的《群己权界论》等等。这些社会科学名著，我当然看不懂，但我知道这都是风靡一时的新书，在社会科学界评价很高。

在祖父的书桌上，我还看到一本线装的林纾（琴南）译的《茶花女遗事》。那是一本小说，林纾老先生不懂得外文，都是别人口述，由他笔译的。我非常喜欢他的文章，只要书店里有林译小说，我都去买来看，他的译文十分传神，以后我自己能读懂英文原著时，如《汤姆叔叔的小屋》，林译作《黑奴吁天录》，我觉得原文就不如译文深刻。

关于林纾老先生，我还从梅兰芳先生那里听到一些轶事，那是五十年代中期，我们都是人大代表的时候，梅先生说：他和福芝芳女士结婚时，林老先生曾送他们一条横幅，“芝兰之室”。还有一次是为福建什么天灾（我记得仿佛那是我十三四岁时的事）募捐在北京演戏，梅先生不要报酬，只要林琴南老先生的一首诗，当时梅先生曾念给我听，我都记不完全了，记得是：

雪作精神玉不瑕，

×××× 鬓堆鸦。

剧怜宝月珠灯夜，

吹砌银笙演葬花。

此外还有林则徐老先生，他的丰功伟业，如毅然火烧英商运来的鸦片，以及贬谪后到了伊犁，为吐鲁番农民掘“坎儿井”的事，几乎家传户诵不必多说了。我却记得我福州家里有他写的一副对联：

海纳百川有容乃大

壁立千仞无欲则刚

比他们年轻的一代，如在黄花岗七十二烈士碑上，我找到已知是福建人的有三位：方声洞、林觉民、陈可钧，而陈可钧还得叫我表姑呢。

一提起我的父母之乡，我的思绪就纷至沓来，不知从哪里说起，我的客人又多，这篇文章不知中断了几次，就此搁笔吧。在此我敬祝我的人杰地灵的父母之乡，永远像现在这样地繁荣富强下去！

积累

作者在平实的叙述中，也用了富有表现力的语言来抒写情感。试以下列语句为例，加以赏析。

（1）它是油绿油绿的，在巨大的树干之外，它的繁枝，一垂到地上，就入土生根。

（2）她们皮肤白皙，乌黑的头发上插着左右三条刀刃般雪亮的银簪子，穿着青色的衣裤，赤着脚，袖口和裤腿都挽了起来，肩上挑的是菜筐、水桶以及各种各色可以用肩膀挑起来的东西，健步如飞，充分挥洒出解放了的妇女的气派！

思考

1. 文章以“故乡的风采”为题，而不是“回故乡”“忆故乡”或“我的故乡”，为什么？

2. 文章是按严复、林纾、林则徐及黄花岗七十二烈士的顺序记叙故乡历史文化名人的，你认为这样的顺序能变换吗？请说明理由。

拓展

作为出生在福州的文化名人，冰心是福建人的骄傲。“冰心故居”位于今天福州市三坊七巷景区北面，门前还有一个牌子写着“林觉民故居”。为什么一座房屋同时是两位名人的故居呢？请安排时间实地走访，寻找答案。

2. 我的故乡

林语堂

林语堂（1895—1976），今漳州平和人，现代著名作家、学者、翻译家、语言学家。早年留学美国、德国，分别获哈佛大学文学硕士学位、莱比锡大学语言学博士学位。曾先后主编《论语》《人间世》《宇宙风》等刊物，著有《京华烟云》《啼笑皆非》《吾国吾民》《人生的盛宴》《生活的艺术》等。其散文半雅半俗，亦庄亦谐，深入浅出，入情入理，文字自然流畅，自有意趣，往往展现出作者超脱闲适、旁观世情的心境。

本文是林语堂先生晚年客居台湾时所写。漳州平和是他的出生地，是他魂牵梦萦的故乡。文章语言平实，不讲究技法，信手拈来，故乡的点点滴滴便浮上纸面，行文看似随性散漫，却蕴含作者对故乡深深的思念之情。

我经常在赞美本省同胞的纯朴、勤劳，以及他们所具有的种种美德。这种赞扬是很自然的流露。因为本省同胞多半是从福建漳州、泉州一带迁来台湾的。他们性格上的特点，我自己是漳州人，当然很了解。

我是漳州府平和县的人，是一个十足的乡下人。我的家是在崇山峻岭之中，四周都是高山。家乡的景色，是我在纽约生活时所梦寐不忘的。生活在纽约的高楼大厦之间，听着车马喧嚣，恍然若有所失。我经常思念起自己儿时常去的河边，听河水流荡的声音，仰望高山，看山顶云彩的变幻。

可能是老年人思想较近乎自然，而儿时家中自然的环境，也使我喜欢老年人。我觉得人是最难对付的，大家闹，大家气，争权夺利，难免要得精神衰弱病。儿时我常在高山上俯看山下的村庄，见人们像是蚂蚁一般的小，在山脚下那个方寸之地上移动着。后来，我每当看见人们奔忙、争夺时，我就觉得自己是在高山上看蚂蚁一样。

一个人在儿童时代的环境和思想，和他的一生有很大的关系。我对于家乡的环境所赋予我的一切，我都感到很满意。

我心中的家乡，也有它严肃、保守的一面。我年小的时候，妇女们都缠足，限制了妇女们的活动范围，使她们足不出户。

在镇上，每家人家的门口，都挂着一面竹帘子，妇女们只能躲在屋子里，隔着竹帘往外看，而在外面街上的人，却无法看到里面的情形。这些重要的限制，据说是朱熹老夫子所赐予吾乡的。当然这只是没有考证的传说。

我的家乡充满了自然美，像院子里种着龙眼树、荔枝树、柿子树，引得我们做小孩子的经常用目光在树梢上摸索。

家乡的兰花——尤其是剑兰，是非常著名的。其他好像是夜百合、含笑、银角等等的，在别的地方很难一见。

家乡的出产，好像是白土粉，是妇女们化妆的必需品；家乡的珠砂印泥，民国初年卖到七块大头一两；家乡出产的金箔都是用真金槌打制成，比纸张还薄；另外像剪绒纸花，也是以精致闻名。

留给我印象最深的是，漳州的虎渡桥。青石砌成的大桥墩子上，架着整块的三尺见方、两丈多长的大石梁，一根根并排，一组组衔接着，连接着几十丈宽的江岸。这么厚重的石头，当初是如何安放上桥墩去的，我至今仍然不解。

积累

本文语言看似随意，实则颇为讲究。揣摩下列句子中加点的词语，体会其表达效果。

（1）因为本省同胞多半是从福建漳州、泉州一带迁来台湾的。

（2）可能是老年人思想较近乎自然，而儿时家中自然的环境，也使我喜欢老年人。

（3）这些重要的限制，据说是朱熹老夫子所赐予吾乡的。

（4）家乡的出产，好像是白土粉，是妇女们化妆的必需品……

思考

1.作者笔下的故乡有何特点？请仔细阅读文章，并用简洁的语言加以概括。

2.文章说，“一个人在儿童时代的环境和思想，和他的一生有很大的关系。”请结合文章内容说说你对这句话的理解。

拓展

虎渡桥，即江东桥，始建于南宋嘉定七年（1214），与泉州洛阳桥、晋江安平桥、福清龙江桥合称“福建四大石桥”。请实地走访或查阅资料，了解这些石桥的建筑特点及建造历史，感受先人的智慧。

3. 乡 梦

胡也频

胡也频（1903—1931），福建福州人，现代作家，“左联五烈士”之一。1924 年开始文学创作，先后参与编辑《京报》副刊《民众文艺周刊》，主编《中央日报》副刊《红与黑》，与沈从文合编《红黑》杂志等；1930 年加入中国左翼作家联盟；1931 年 2 月 7 日被秘密杀害于上海龙华淞沪警备司令部。主要作品有短篇小说集《圣徒》《活珠子》《往何处走》，戏剧集《鬼与人心》《别人的幸福》，诗集《也频诗选》等。

《乡梦》是胡也频收在诗集《也频诗选》中的一首。诗人 1903 年生于福州，少年时在金铺当学徒，因不甘屈辱，离开家乡，只身逃往上海。从诗中“五年前”可推测，写此诗时诗人大概二十出头，但已经在外漂泊多年，只能在梦里回忆故乡和亲人。

醉一般地走进了久别的故乡，
旧居依然是寂立在乌麓山首；
依悬在乌麓山首的皎皎圆月，
似犹未减那五年前的情和美；
系念在我心头的那株槐树，
还茂盛地依依在墙旁，
月照着叶儿宛如她向我微笑，

风吹落花儿又像她对我落泪；
哦！昔日的母亲唇上的甜蜜，
昔日的父亲嘴旁的微笑，
一切可恋慕的那已逝的童时，
啊啊，我不能忘记！

积累

品味下列诗句，说说修辞手法的使用所产生的表达效果。

月照着叶儿宛如她向我微笑 / 风吹落花儿又像她对我落泪

____

____

____

____

思考

1. 朗读这首诗，说说诗人是按照什么线索来抒发情感的。

____

____

____

2. 诗人除了直接抒情，还通过具体的形象来间接抒发感情。试着找出相关诗句，细心揣摩其中蕴含的诗人的情感。

____

____

____

拓展

胡也频不仅是中国现代诗坛一位颇有创作实绩的诗人，也是“左联五烈士”之一。左联五烈士，指在 1931 年 2 月 7 日被国民党杀害的柔石、胡也频、殷夫、李伟森、冯铿五位左翼革命作家。鲁迅对他们的牺牲感到无比悲愤，写了《为了忘却的记念》一文，深情地称颂烈士们的革命精神和文学成就。请查阅相关资料，了解他们的事迹，并阅读鲁迅的文章，看看他们有哪些精神值得我们学习。

4. 消失的故乡

谢 冕

谢冕（1932— ），福建福州人，当代著名文艺评论家、诗人、作家，北京大学教授。著有《文学的绿色革命》《中国现代诗人论》《新世纪的太阳》《论二十世纪中国文学》《1898：百年忧患》等专著，以及《世纪留言》《流向远方的水》《永远的校园》等散文随笔。

文章具体描写了故乡消失的诸多风物，如梅林、梅花、龙眼树、河渠、稻田等自然乡村景色，回忆童年时妈妈在井边忙碌、农家水牛反刍等生活场景，以及故乡原本浓郁的传统氛围、罕见的异域情调、中西文化交融的形态，表达了作者怀念、遗憾、怅惘的复杂感情。

这座曾经长满古榕的城市是我的出生地，我在这里度过难忘的童年和少年时光。可是如今，我却在日夜思念的家乡迷了路：它变得让我辨认不出来了。通常，人们在说“认不出”某地时，总暗含着“变化真大”的那份欢喜，我不是，我只是失望和遗憾。

我认不出我们熟悉的城市了，不是因为那里盖起了许多过去没有的大楼，也不是那里出现了什么新鲜和豪华，而是，而是，我昔时熟悉并引为骄傲的东西已经消失。

我家后面那一片梅林消失了，那迎着南国凛冽的风霜绽放的梅花消失了。那里变成了嘈杂的市集和杂沓的民居。我在由童年走向青年的熟悉的小径上迷了路。我没有喜悦，也不是悲哀，我似是随着年华的失去而一起失去了什么。

为了不迷路，那天我特意约请了一位年轻的朋友陪我走。那里有梦中时常出现的三口并排的水井，母亲总在井台边上忙碌，她洗菜或洗衣的手总是在冬天的水里冻得通红。井台上边，几棵茂密的龙眼树，春天总开着米粒般的小花，树下总卧着农家的水牛。水牛的反刍描写着漫长中午的寂静。

那里蜿蜒着长满水草的河渠，有一片碧绿的稻田。我们家坐落在一片乡村景色中。而这里又是城市，而且是一座弥漫着欧陆风情的中国海滨城市。转过龙眼树，便是一条由西式楼房组成的街巷，紫红色的三角梅从院落的墙上垂挂下来。再往前行，是一座遍植高大柠檬桉的山坡，我穿行在遮蔽了天空和阳光的树荫下，透过林间迷蒙的雾气望去，那影影绰绰的院落内植满了鲜花。

那里有一座教堂，有绘着宗教故事的彩色的窗棂，窗内传出圣洁的音乐。这一切，如今只在我的想象中活着，与我同行的年轻的同伴全然不知。失去了的一切，只属于我，而我，又似是只拥有一个依稀的梦。

我依然顽强地寻找。我记得这鲜花和丛林之中有一条路，从仓前山通往闽江边那条由数百级石阶组成的下山坡道。我记得在斜坡的高处，我可以望见闽江的帆影，以及远处传来的轮渡起航的汽笛声。那年北上求学，有人就在那渡口送我，那一声汽笛至今尚在耳畔响着，悠长而缠绵，不知是惆怅还是伤感。可是，可是，我再也找不到那通往江边的路、石阶和汽笛的声音了！

这城市被闽江所切割，闽江流过城市的中心。闽都古城的三坊七巷弥漫着浓郁的传统氛围，那里诞生过林则徐和严复，也诞生过林琴南和谢冰心。在遍植古榕的街巷深处，埋藏着飘着书香墨韵的深宅大院。而在城市的另一边，闽江深情地拍打着南台岛，那是一座放大了的鼓浪屿，那里荡漾着内地罕见的异域情调。那里有伴我度过童年的并不幸福，却又深深萦念怀想的如今已经消失在苍茫风烟中的家。

我的家乡是开放的沿海名城，也是重要的港口之一。基督教文化曾以新潮的姿态加入并融汇进原有的佛、儒文化传统中，经历近百年的共生并存，造成了这城市有异于内地的文化形态，也构造了我童年的梦境。然而，那梦境消失在另一种文化改造中。人们按照习惯，清除花园和草坪，用水泥封糊了过去种植花卉和街树的地面。把所有的西式建筑物加以千篇一律的改装，草坪和树林腾出的地方，耸起了那些刻板的房屋。人们以自己的方式改变他们所不适应的文化形态，留给我此刻面对的无边的消失。

我在我熟悉的故乡迷了路，我迷失了我早年的梦幻，包括我至亲至爱的故乡。我拥有的怅惘和哀伤是说不清的。

积累

本文语言富有意蕴，字里行间饱含深情。细读下列语句，体会其中蕴含的情感。

（1）井台上边，几棵茂密的龙眼树，春天总开着米粒般的小花，树下总卧着农家的水牛。水牛的反刍描写着漫长中午的寂静。

（2）失去了的一切，只属于我，而我，又似是只拥有一个依稀的梦。

（3）把所有的西式建筑物加以千篇一律的改装，草坪和树林腾出的地方，耸起了那些刻板的房屋。

思考

1. 本文的标题是“消失的故乡”，阅读课文，找一找故乡消失的风物有哪些？

______

______

______

2. 文章的开头和结尾都写到“迷了路”，它们的含义是否相同？这样写有什么作用？

______

______

______

拓展

城乡的开发建设与文化遗产的保护传承难免产生矛盾，除了作者的故乡福州是这样的，你还见过哪些城市也是如此？如何解决城乡开发建设与文化遗产保护传承之间的矛盾？请实地走访或查阅资料，谈谈你的看法或建议。

5. 归化泉州

孙绍振

孙绍振（1936— ），祖籍福建长乐，当代著名作家、评论家，福建师范大学教授。著有《美的结构》《孙绍振如是说》《文学创作论》《论变异》《幽默五十法》《美女危险论——孙绍振幽默作品选》《直谏中学语文教学》等作品，曾主编初中语文教材（北京师范大学出版社出版）。

在特殊的年代，泉州的生活经历成为作者生命中极为重要的一段回忆。他曾经在多篇文章里提到泉州。阅读本文，仔细体会作者在字里行间流露出的对泉州的感恩与崇敬；同时，认真体会作者的豁达与幽默：以调侃的方式，在看似平静的叙述中，透露出对以往艰难时事的彻悟与通达，彰显出一种智者的大度与超然。

最难忘的是，1970 年，春节前的几天，学校解散了。作为一个准右派，我在享受了近千张大字报的几场大呼小叫的批斗以后，更近一步沦落为三等公民，所去的地方的条件，和政治上可靠的程度成正比。许多人都争取到了尽可能好一点的地方去。我自知，没有这样的权利，无动于衷地听从分配，最后下放到一个最偏僻的山村。没想到，在农民中间，我却享受到了少有的平等和友谊。农民才不管你右派不右派，他们只认你的为人实在不实在。我成了他们的朋友。我买了一副理发工具，为他们理发；享受他们招待孕妇和打铁、箍桶师傅的红米酒。那酒初喝时，像饮料，可是很有后劲。有一次我就在给一个差不多一年没有理发的孩子理发之前喝了他们的红米酒。结果是理到一半，脸就慢慢红得要滴血。最后终于像水浒英雄那样倒也，倒也。这在很长一段时间里成了周围几十里农村共同享受的笑料。每逢提起的时候，他们笑，我也笑。我记得，在那极左的年代，我已经多少年没有这样开怀地笑了。

在严寒的早春，农民下冷水梯田挖土，我也去了。他们真心真意地劝我不要去，没有一个下放干部会这样做。我白嫩的脚踩在薄冰才化的水里，冷得牙齿打颤，尤其是脚趾伸入到烂泥深处时，那更是冷彻骨髓。我感到背上有他们怜惜的目光，甚至那目光的光子压力我都感觉得到。显然，只要我稍微表示一下软弱，他们就会坚决把我送回去。但是，他们关切的目光，反而鼓舞了我的自尊。我咬着牙关，通过了关切的考验，就这样，我结束了客人的身份，成了他们中的一员。我感到了少有的自豪和自由。这里不但没有人在政治上歧视我，而且在劳动上，我和他们也是平等的。他们终于对我放了心，我和他们一起享受着开怀的大笑。

没想到，就在欢乐达到高潮的时候，一辆豪华的三角牌小轿车停在了公路边上。下来几个人，那是我的学生，他们冷漠地宣称我得回去交代问题，接受批判。七个月后，我被学校放回来。我最难过的倒不是老是让人像小鸡一样揪来揪去，而是，我初交的农民朋友将会歧视我。我这样一个被他们称为最老实、最爱劳动的下放干部，在他们的眼中，会变成一个什么样的可疑分子，我将不得不又一次像在学校那样破帽遮颜，走路不敢与朋友目光相触。然而，完全出乎我的意料之外，我回来的消息传出的时候，农民们奔走相告，从四面八方送来了糕、粿，连小孩子、老太婆都絮说为我担忧，做梦见到我归来的情景。不知什么人为我打扫了房间，妇女们抢着为我挑来最干的柴火和引火的油松。当油松的黑烟和香气弥漫在整个房间的时候，我第一次在异乡感到一种家庭的温馨。

也许就是从这个时候起，我被泉州同化了。以后回到上海，不管什么亲戚说泉州土，我就用最没有礼貌的脸色去回应，直到他有所醒悟，戛然而止。

三年以后，我接到了福建师大的调令。这时，我已会说不少闽南话，甚至能够结结巴巴发表演说。闽南话再也不是南蛮诀舌之音，我用国际音标记录了大量的闽南的语音和词汇，像学英语那样，背诵那些特别古怪的词语。当我从泉州长途汽车站下来的时候，一群泉州姑娘从我身边擦肩而过。我第一次听懂了泉州人大段的对话。我突然觉得，泉州话真是很好听，那音韵，实在是很高雅，用古色古香来形容绝对准确。泉州人把“进来”叫作“入来”，把“晒太阳”叫作“曝日”，把“锅”叫作“鼎”，都是古代汉语中最文雅的词语。从汉语史的角度考察，泉州话中系统地保存着中原语音。一个泉州农村老太太所说的土话，和诸葛亮、杜甫、岳飞当年语音最为接近。

今天最土的泉州话，正是古代高级知识分子笔下的文言。

正是这种语言塑造了泉州人的文化性格，他们既是最土的，又是最现代的。随便查考一下古代文化典籍就不难得知：泉州古代思想家留下的，既是最为商业化，最为不守礼法，又是最为温情脉脉的。从古以来，泉州人就是既敢于不要命地冒险，又坦然地保守；既会做生意骗人甚至骗亲戚，又乐善好施；既不要命地意气用事，为朋友不惜两肋插刀，又是和乡亲把算盘打得最精明的。正是由于这样的文化心理传统，他们在东南沿海属于那最不安分的一群。没有什么教条能够束缚得住他们的手脚。就是“四人帮”时期，也就是他们首先偷偷实行了“井田制”：除了当中一块田用来交公粮，其他的就自作主张分了。当福州人对于彩票还投之以怀疑的目光的时候，泉州人却把卖彩票的广场挤得水泄不通，一夜之间抢购一空。就是这种不安分的冒险的大分，使他们不但创造了闽南金三角的经济奇迹，而且创造了闽南传统文化现代化的精神奇迹。他们的现代价值观念和传统文化性格结合得天衣无缝，虽有矛盾而没有裂痕，这才是真正的现代神话。

泉州人在反抗贫困的搏斗中，付出了比别人更大的代价，在保存自己地方文化个性方面，取得了更大的成功。

今天，不但是走在泉州大街上，而且哪怕是走在王府井、纽约的第五大街、巴黎的凯旋门大街、柏林的布兰登堡门，他们完全有理由，也更有本钱自豪地挺起肚子，不但以他们所创造的经济奇迹，他们的钢筋玻璃大厦，而且也因为他们泉州人的气质，为泉州的花岗岩镶边的红砖大楼，为他们的把现代和传统建筑文化完美地结合起来的状元街，为那街上的状元牌坊，为牌坊上的“圣旨”而自豪。看着一位省里的领导为这条街所题的“八闽第一街”石碑，我想，这才是名副其实的海上丝绸之路的起点。当年在泉州，满街上曾经走着大鼻子、络腮胡子的阿拉伯人，而今天却满街挤着来自天府之国的漂亮的四川打工妹……

在泉州，我度过了我生命中最为艰难的日子。但是，留在我记忆中的泉州，不是苦难的炼狱，而是精神的庇护所。如果要我选择灵魂的故乡，我将毫不犹豫地选择泉州，并且为此而感到自豪。

积累

查字典，了解下列词语的意思，并尝试造句。

（1）沦落：______

（2）典籍：______

（3）乐善好施：______

（4）天衣无缝：______

思考

1. 作者记忆中的泉州，不是苦难的炼狱，而是精神的庇护所。为什么泉州是“精神的庇护所”？请结合文章内容简要分析。

______

______

______

2. 作者说：“如果要我选择灵魂的故乡，我将毫不犹豫地选择泉州，并且为此而感到自豪。”作者为何“自豪”？请结合文章内容谈谈你的理解。

______

______

______

6. 苍霞精舍后轩记

林 纾

林纾（1852—1924），字琴南，号畏庐，今福建福州人，近代文学家、翻译家。工诗词古文，兼作小说戏曲，尤以译著名世。清末民初，他用古文翻译西方文学名著170余种，蜚声文坛，代表译著有《巴黎茶花女遗事》《黑奴吁天录》等。所撰诗文有《畏庐文集》《畏庐诗存》《畏庐笔记》等，同乡学者高梦旦评价他“以血性为文章”，“叙悲之作，音吐凄梗，令人不忍卒读”。

精舍，即学舍、书斋。苍霞精舍在福州城外的苍霞洲畔，原是林纾的旧居，依山傍水，风景秀丽。林纾与母亲、妻子在这里生活了十几年。后来，母亲去世，旧房易主，妻子在迁新居十天后也病逝，这里成了林纾缅怀亲人的地方。光绪二十三年（1897），旧居的前轩被改建为精舍，用于授徒讲学，遂名苍霞精舍。林纾受聘在此讲授《毛诗》《史记》，抚今追昔，见景生情，写下这篇文章。文章记叙旧居，追忆家人琐事，伤往怀旧之情溢于言表，可与归有光的《项脊轩志》相媲美。

建溪①之水，直趋南港，始分二支。其一下洪山②，而中洲③适当水冲，洲上下联二桥，水穿桥抱洲而过，始汇于马江④。苍霞洲在江南桥右偏，江水之所经也。

---

① 建溪：闽江上游支流，自北向南注入闽江。

② 洪山：位于福州城西南。

③ 中洲：位于福州城南闽江中。

④ 马江：位于闽江下游，是福州外港，又称马尾港。

洲上居民百家，咸面江而门。余家洲之北，湫隘苦水，乃谋适爽垲[①]，即今所谓苍霞精舍者。屋五楹，前轩种竹数十竿，微飔[②]略振，秋气满于窗户，母宜人[③]生时之所常过也。后轩则余与宜人联楹而居，其下为治庖之所。宜人病，常思珍味，得则余自治之。亡妻纳薪于灶，满则苦烈，抽之又莫适于火候，亡妻笑。母宜人谓曰："尔夫妇呶呶[④]何为也？我食能几？何事求精？尔烹饪岂亦有古法耶？"一家相传以为笑。

宜人既逝，余始通二轩为一。每从夜归，妻疲不能起，余即灯下教女雪诵杜诗，尽七八首始寝。亡妻病革[⑤]，屋适易主，乃命舆至轩下，藉鞯舆中[⑥]，扶掖以去。至新居十日卒。

孙幼谷太守、力香雨孝廉即余旧居为苍霞精舍，聚生徒课西学[⑦]，延余讲《毛诗》《史记》，授诸生古文，间五日一至。栏楯楼轩，一一如旧。斜阳满窗，帘幔四垂，乌雀下集，庭墀[⑧]阒[⑨]无人声。余微步廊庑，犹谓太宜人昼寝于轩中也。轩后严密之处，双扉阖焉；残针一，已锈矣，和线犹注扉上，则亡妻之所遗也。呜呼！前后二年，此轩景物已再变矣。余非木石人，宁能不悲！归而作后轩记。

---

① 爽垲（kǎi）：地势高而干燥的地方。

② 飔（sī）：凉风。

③ 母宜人：林纾的母亲陈宜人，名蓉，于光绪二十一年（1895）逝世。宜人是封建社会妇女因丈夫或子孙而得的一种封号。

④ 呶呶（náo）：形容没完没了地说话，令人厌烦。

⑤ 病革（jí）：病重。革，书面语，指危急。

⑥ 藉（jiè）鞯（jiān）舆中：在车中垫上垫子。藉鞯：垫上垫子；舆：车或轿。

⑦ 西学：西方自然科学和社会学说。

⑧ 墀（chí）：台阶。

⑨ 阒（qù）：寂静，没有一点儿声音。

积累

解释下列加点的词。

（1）其一下洪山 ____________ 乌雀下集 ____________

（2）而中洲适当水冲 ____________ 乃谋适爽垲 ____________

抽之又莫适于火候 ____________ 屋适易主 ____________

（3）尔夫妇呶呶何为也 ____________ 余始通二轩为一 ____________

（4）江水之所经也 ____________ 其下为治庖之所 ____________

思考

林纾做文章，善于选取生活琐事及平凡场景来表现人物、寄托深情。试从文中找出一两例，体会这一写作特点。

____

____

____

拓展

明代著名散文家归有光曾写过一篇《项脊轩志》，文中写作者居住的“轩”的前后变化，叙述家庭琐事，娓娓道来，情深意切。请阅读《项脊轩志》，并与本文比较，说说两篇文章的内容有什么不同。

7. 游武夷记

曹学佺

曹学佺（1574—1646），字能始，号石仓，今福建福州人。他毕生好学，对文学、地理、天文、禅理、音律、诸子百家等都有研究，尤其工于诗词，精通音律，擅长度曲，曾谱写闽剧的主要腔调逗腔，被认为是闽剧始祖之一。名联“仗义每多屠狗辈，负心多是读书人”就出自曹学佺之手。

作者所游览的武夷山，是著名的道教圣地。作者从万年宫开始，沿九曲溪一路游览，后又返回万年宫，还根据《武夷祀曲志》的记载，考察了有关道教传说的遗迹，感慨“人主之媚于神仙所从来矣”。

以七夕前一日发建溪[①]，百里，抵万年宫[②]，谒玉皇太姥十三仙之列[③]，履祀汉坛，即汉武帝时所谓干鱼荐武夷者也。泛舟溪上，可以望群峰，巍然首出，为大王[④]；次而稍广，为幔亭[⑤]。按《魏志》：“魏子骞[⑥]为十三仙地主，筑升

---

① 建溪：位于福建南平，为闽江北源，亦称剑溪、龙潭等。

② 万年宫：也叫武夷宫，在武夷山大王峰南麓，是当地最古老的宫观之一。

③ 玉皇：道教称天帝为玉皇大帝，简称玉帝或玉皇。太姥：道教尊神。十三仙：相传战国时期魏子骞入武夷山访道，后张湛、孙绰等十二人相继到武夷山修炼仙道，遂称为十三仙。

④ 大王：指武夷山大王峰。

⑤ 幔亭：指幔亭峰，位于大王峰北面。

⑥ 魏子骞：即王子骞，因是魏人，故被称为魏子骞。

真观于峰顶，有天鉴池、摹鹤岩诸胜。以始皇二年，架虹桥而宴曾孙，奏‘人间可哀’之曲。”今大王梯绝不可登，幔亭亦惟秋蝉咽衰草矣。

玉女[①]、兜鍪之下数里为一线天。道经友定[②]故城，虎为政[③]，游人不敢深入。两崖相阖者里许，中露天光仅一线。有风洞，白玉蟾[④]斩蛇于此，今祠之，而肃杀之气犹存云。移舟过大藏峰，踵御茶园，万磴而上，其山如鸟巢，盖魏王易裸服以登天柱者，为更衣台。渡隔岸，谒朱子所读书，拜其遗像，徘徊久之。以一径入云窝，陈丹枢[⑤]修炼之所，存其石灶。出大隐屏以西，登接笋[⑥]木梯铁缆之路，视上则恐错趾，视下则恐眩目；千盘而度龙脊，乃有仙弈亭可憩。修竹鸣蝉之外，黄冠[⑦]启闭于丹房而已。天游虽称崔嵬[⑧]过之，然迢递[⑨]可肩舆[⑩]入。登一览台，于是三十六峰之胜，可屈指数矣。

复命舟里许，过隘岭，为陷石堂。小桥流水之中，度石门而桑麻布野，鸡犬声闻，依稀武陵之境[⑪]乎？于是望鼓子峰相近，穿修篁[⑫]五里，木石栈道，相为钩连。叩岩石，逢然作鼓声。岩下为吴公洞，洞旁为道院。是游凡以此达九曲[⑬]矣，乃归万年宫。从山麓走二十里，

---

① 玉女：指玉女峰，在武夷山西南，因酷似亭亭玉立的少女而得名。
② 友定：即陈友定，今福建明溪县人，曾任福建行省平章政事，屯兵武夷山虎啸岩等处，明洪武元年在延平被俘，后被处死。
③ 虎为政：经常有老虎出没。
④ 白玉蟾：原名葛长庚，福建闽清人，晚年在武夷山修道，被全真教尊为南五祖之一。
⑤ 陈丹枢：宋道士，曾结庐于武夷山五曲接笋峰下。
⑥ 接笋：即接榫，指榫头相接。
⑦ 黄冠：道士之冠，道士的别称。
⑧ 崔嵬：形容高高矗立的样子。
⑨ 迢递：高峻的样子。
⑩ 肩舆：轿子，靠人力抬扛的代步工具。
⑪ 武陵之境：即桃花源，出自陶渊明的《桃花源记》，后多指避世隐居之地或人间仙境。
⑫ 修篁：修竹，长竹。
⑬ 九曲：指武夷山九曲溪，在三十六峰之间急转九个弯，因而得名，乘舟可观赏武夷山美景。

游水帘，乱崖飞瀑而下，衣裾[1]入翠微[2]尽湿。以别涧出崇安溪之西楚道上。

曹学佺曰："余考《武夷祀典志》，详哉其言之，则知人主[3]之媚于神仙所从来矣。始皇遣方士徐市求仙海上[4]，而武夷不少概见，何以故？又按魏子骞遇张湛十三仙，及宴曾孙，俱始皇二年事，何其盛也？而后无闻焉。夫山灵之不以此易彼明矣。语云：'遗荣[5]可以修真[6]。'是之谓夫！"

积累

解释下列加点的词。

（1）履祀汉坛 ____________

（2）有天鉴池、摹鹤岩诸胜 ____________

（3）两崖相阖者里许 ____________

（4）今祠之，而肃杀之气犹存云 ____________

（5）修竹鸣蝉之外 ____________

（6）是游凡以此达九曲矣 ____________

（7）余考《武夷祀典志》 ____________

（8）夫山灵之不以此易彼明矣 ____________

① 衣裾：衣襟。
② 翠微：泛指青山。
③ 人主：指帝王，出自《管子·权修》中的"民贱其爵服，则人主不尊"。
④ 始皇遣方士徐市求仙海上：秦始皇为了求仙长生，命方士徐市携童男童女数千人入海求仙。
⑤ 遗荣：遗弃荣华富贵。
⑥ 修真：道教中称学道修行为修真。

思考

这是一篇较为详尽的游记。请认真阅读课文，理清游记的线索。

______

______

______

拓展

武夷山位于福建南平，以溪泉山林闻名天下。许多文人墨客都对武夷山情有独钟，写下赞美武夷山水的名篇佳作。清代袁枚也写了《游武夷山记》一文，请阅读此文，体会其与曹学佺的《游武夷记》在风格上有何不同。

游武夷山记

袁 枚

凡人陆行则劳，水行则逸。然山游者，往往多陆而少水。惟武夷两山夹溪，一小舟横曳而上，溪河湍激，助作声响。客或坐或卧，或偃仰，惟意所适，而奇景尽获，洵游山者之最也。

余宿武夷宫，下幔亭峰，登舟，语引路者曰："此山有九曲名，倘过一曲，汝必告。"于是一曲而至玉女峰，三峰比肩，睾如[1]也。二曲而至铁城障，长屏遮泄，

① 睾（hào）如：高大的样子。

翰音难登[①]。三曲而于虹桥岩，穴中度柱拱百千，横斜参差，不腐朽，亦不倾落。四五曲而至文公书院。六曲而至晒布崖，崖状斩绝，如用倚天剑截石为城，壁立戍削，势逸不可止。窃笑人逞势，天必夭阏之。惟山则纵其横行直刺，凌逼莽苍，而天不怒，何耶？七曲而至天游，山愈高，径愈仄，竹树愈密。一楼凭空起，众山在下，如张周官王会图，八荒蹲伏；又如禹铸九鼎[②]，罔象、夔魈[③]，轩豁成形。是夕月大明，三更风起，万怪腾踔，如欲上楼。揭炼师能诗，与谈，烛跋[④]，旋即就眠。一夜魂营营[⑤]然，犹与烟云往来。次早至小桃源、伏虎岩，是五夷之八曲也。闻九曲无奇，遂即自崖而返。

嘻！余学古文者也，以文论山，武夷无直笔，故曲；无平笔，故峭；无复笔，故新；无散笔，故遒紧。不必引灵仙荒渺之事为山称说，而即其超隽之概，自在两戒外别竖一帜。余自念老且衰，势不能他有所往，得到此山，请叹观止。而目论老，犹道余康强，劝作崆峒、峨嵋想；则不知王公贵人，不过垒拳石，浚盈亩地，尚不得朝夕游玩。而余以一匹夫，发种种[⑥]矣，游遍东南山川，尚何不足于怀者？援笔记之，自幸其游，亦以自止其游也。

---

① 翰音难登：因山如屏障，高飞的声音也超越不过。
② 禹铸九鼎：传禹收九州之金，铸九鼎以象百物。
③ 罔象：传说中的水怪。夔（kuí）：传说中山林中的精怪。魈：山林之怪，此处指大鼎的形状。
④ 烛跋：蜡烛燃尽。
⑤ 营营：往来盘旋的样子。
⑥ 种种：头发短少的样子，喻年老。

8. 鼓山灵源洞听水斋记

陈宝琛

陈宝琛（1848—1935），字伯潜，号弢庵、陶庵、听水老人，今福建福州人，近代文化名人。陈宝琛投身新式教育，掌教鳌峰书院，创办东文学堂，任福建高等学堂、全闽师范学堂（今福建师范大学前身）监督（校长），为福建教育作出突出贡献。1909年，陈宝琛奉诏复出，担任清朝末代皇帝的老师。其留世的散文不多，但都一字不苟，结构严谨，条理清晰，富有法度与意蕴。

1887年，40岁的陈宝琛在鼓山灵源洞建“听水斋”。智者乐水，仁者乐山。陈宝琛既乐山，又乐水，对听水十分痴迷。此后，他以听水斋为题材写了不少诗文，本文即是其中的佳作。

凡物能为声者莫如水。水之在山也，清激剽厉[①]又什倍于常声。世传神晏僧[②]安禅于此，恶水喧，叱使东[③]，至今涧流犹潺潺从东下。然遇涷雨，则灵源洞口，如飙号雷殷[④]、万马之奔腾也。

---

① 剽（piāo）厉：快速而凶猛。这里形容急流击打岩石发出的澎湃之声。

② 神晏僧：鼓山涌泉寺祖师神晏法师。

③ 叱（chì）使东：喝令（水）往东流。

④ 飙号雷殷：狂风怒吼，雷声轰鸣。

余既爱兹地幽僻、林木之美，因岩为楼，与余弟叔毅[①]读书其中，寒暑昼夜，备诸声闻，洗心涤耳，喧极生寂，水哉水哉！

余尝登陇坂，溯[②]赣滩、建溪七里之泷[③]，纵舟江海，风涛叫啸，千谲百骇[④]，亦自谓穷[⑤]水之变矣。而在山之声，盖今始得恣吾听也。不知晏僧当时何所恶于水者，夫喧耶，寂耶，岂于水乎系哉！[⑥]

积累

解释下列加点的词。

（1）恶水喧 ____________

（2）至今涧流犹潺潺从东下 ____________

（3）因岩为楼 ____________

（4）喧极生寂 ____________

（5）亦自谓穷水之变矣 ____________

（6）盖今始得恣吾听也 ____________

---

① 叔毅：陈宝琛二弟陈宝璐，字叔毅。
② 溯：逆流而上，寻找水流的发源地。
③ 泷：湍急的流水。
④ 千谲（jué）百骇（hài）：这里指千百种水声非常怪异，令人惊骇。
⑤ 穷：穷尽。
⑥ 岂于水乎系哉：难道跟水有什么本质的联系吗？

思考

本文构思极为巧妙。请认真阅读文章，说说作者围绕“听”字写了哪些内容？

拓展

闲居福州期间，陈宝琛完成了一生中重要的观念转变，创办了全闽师范学堂等高等学府，为福建现代教育事业奠定了基础。福建师范大学旗山校区建有宝琛广场，广场上立着创始人陈宝琛的铜坐像。请查阅相关资料，了解陈宝琛对福建教育所作的贡献。

第四单元

闽海游踪

千百年来，在福建的崇山峻岭之间，留下了许许多多过客的足迹。有些人来了，有些人又走了。迁徙、宦游是经年累月的话题。

这一单元以游历闽海的文人墨客的文章为主。其中，郁达夫的《闽游滴沥之二》充溢着他对福建山水与文化的喜爱之情；叶圣陶的《客语》充满新奇的发现和新鲜的情感；汪曾祺的《初访福建（节选）》流露出自然与灵性。江淹、曾巩、陆游、徐霞客等名家的笔下，也有闽地山水人事的风姿。文人纸笔间的美丽风景，铺垫着深厚的人文底蕴。

众多中原士子宦游闽地，带来了文明的种子。这些种子在这片土地上萌芽，逐渐繁育出多彩灿烂的文化。希望这一组文章，能引导大家换一个角度看待身边的风景。

1. 闽游滴沥之二[①]

郁达夫

郁达夫（1896—1945），原名郁文，字达夫，浙江富阳人，现代著名作家。郁达夫是新文学团体“创造社”发起人之一，在文学创作的同时，他还积极参加各种反帝抗日组织，先后在上海、武汉、福州等地从事抗日救国宣传活动。其代表作有《沉沦》《春风沉醉的晚上》《迟桂花》等，有《郁达夫全集》十二卷传世。

1936 年初，现代著名作家郁达夫应邀到福建工作，并在此生活了两年，其间写了系列游记散文《闽游滴沥》。郁达夫自幼生长在风景如画的富春江畔，却十分赞赏闽中景色。在《闽游滴沥之二》中，他盛赞“福建的山水，实在也真美丽”、闽江两岸至东南海滨一带“都是无山不秀，无水不奇的地方”；他赞美闽江“水色的清，水流的急，以及湾处江面的宽，总之江上的景色，一切都可以做一种江水的秀逸的代表”。在《闽游滴沥之二》后半部分，郁达夫细致地描摹了鼓山的地势，记述自己游鼓山涌泉寺的经过，字里行间渗透着他对福建山水与文化的喜爱之情。

曾经到过福州的一位朋友写信来，说福建留在他脑子里的印象，依次序来排列，当为：第一山水，第二少女，第三饮食，第四气候。福建的山水，实在

① 本文有删节。

也真美丽；北峙仙霞，西耸武夷，蜿蜒东南直下，便分成无数的山区。地气温暖，微雨时行，以故山间草木，一年中无枯萎的时候。最奇怪的是，梅花开日，桃李也同时怒放；相思树、荔枝树、榕树、杜松之属，到处青葱欲滴，即在寒冬，亦像是首夏的样子。

闽江发源浦城县北渔梁山下，亦称建溪，又叫剑江，更有一个西江的别号；大抵随地易名，到处收纳清溪小水，曲折而达福州，更从南台折而向东向南，以入于海。水色的清，水流的急，以及湾处江面的宽，总之江上的景色，一切都可以做一种江水秀逸的代表；扬子江没有她的绿，富春江不及她的曲，珠江比不上她的静。人家把她譬作中国的莱茵，我想这譬喻总只有过之，决不会得不及。

你试想想，福建既有了那么些个山，又有了这么大的一条水，盘旋环绕，终岁绿成一片，自然的风景，哪里还会比别处更差一点儿？然而“逢人都问武夷山”，仿佛是福建的景致，只限在崇安的一角，除了九曲的清溪，三十六峰的崇山峻岭而外，别的就不足道似的，这又是什么缘故？想来想去，我想最大的原因，总还是在古代交通的不便。因为交通不便之故，所以外省的人士，很少有到福建来的；一二个驰骋中原的闽中骚客，懒得把乌龟山、蛇山、老虎山、狮子山等小山浅水，一一地列举出来，就只言其大者著者的武夷山来包括一切；于是外面的人，只晓得福建仅有武夷的三三六六，而返射过来，福建人也只知道唯有武夷山是值得向人夸说的了。其实呢，在闽江的两岸，以及从闽东直下，一直至诏安和广东接壤的海滨一带，都是无山不秀，无水不奇的地方；要取景致，非但是十景八景，可以随手而得，就是千景万景，也不难给取出很风雅很好听的名字来，如我们故乡西湖上的平湖秋月、苏堤春晓之类。

说虽则如此地说，但因尘事的劳人，闽南闽北，直到今日，我终还没有去过，所以详细的记叙，只好等诸异日；现在只能先从实地见过到过的地方说起，还是来记一点福州以及附廓的山川大略罢。

周亮工的《闽小记》，我到此刻为止，也还不曾读过；但正在托人搜访，不知他所记的究竟是些什么。以我所见到的闽中册籍，以及近人的诗文集子看来，则福州附廓的最大名山，似乎是去东门外一二十里地远的鼓山。闽都地势，三面环山，中流一水，形状绝像是一把后有靠背左右有扶手的太师椅子。若把前面的照山，也取在内，则这一把椅子，又像是面前有一横档，给一二岁的小孩坐着玩的高椅了。两条扶手的脊岭，西面一条，是从延平东下，直到闽侯结脉的旗山，这山隔着江水，当夕阳照得通明，你站上省城高处，障手向西望去，原也看得浓紫氤氲，可是究竟路隔得远了一点，可望而不可即，去游的人，自然不多。东面的一条扶手，本由闽侯北面的莲花山分脉而来，一支直驱省城，落北而为屏山，就成了上面的一座镇海楼镇着的省城座峰；一支分而东下，高至二千七八百尺，直达海滨，离城最远处，也不过五六十里，就是到过福州的人，无不去登，没有到过福州的人，也无不闻名的鼓山了。鼓山自北而东而南，绵亘数十里，襟闽江而带东海，且又去城尺五，城里的人，朝夕偶一抬头，在无论什么地方，都看得见这座头上老有云封，腰间白墙点点的瑰奇屏障。所以到福州不久，就有友人，陪我上山去玩；玩之不足，第二次并且还去宿了一宵。

鼓山的成分，当然也和别的海边高山一样，不外乎是些岩石泥沙树木泉水之属；可是它的特异处，却又奇怪得很，似乎有一位同神话里老出来的艺术巨人，把这些大石块，大泥沙，以及树木泉流，都按照多样合致的原理，细心堆叠起来的样子。

坐汽车出东城，三十分钟就可以到鼓山脚下的白云廨门口；过闽山第一亭，涉利见桥，拾级盘旋而上，穿过几个亭子，就到半山亭了；说是半山，实在只是到山腰涌泉寺的道路的一半，到最高峰的山力山则——俗称卓顶——大约总还有四分之三的路程。走过半山亭后，路也渐平，地也渐高，回眸四望，已经看得见闽江的一线横流，城里的人家春树，与夫马尾口外，海面上的浩荡的烟岚。……过更衣亭，放生池后，涌泉寺的头山门牌坊，就远远在望了，这就是五代时闽王所创建的闽中第一名刹，有时候也叫作鼓山白云峰涌泉院的选佛大道场。

涌泉寺的建筑布置，原也同其他的佛地丛林一样，有头山门、二山门、钟鼓楼、天王殿、大雄宝殿、后大殿、藏经楼、方丈室、僧寮客舍、戒堂、香积厨等等，但与别的大寺院不同的，却有三个地方。第一，是大殿右手厢房上的那一株龙爪松；据说未有寺之先，就有了这一株树，那么这棵老树精，应该是五代以前的遗物了，这当然是只好姑妄听之的一种神话；可是松枝盘曲，苍翠盖十余丈周围，月白风清之夜，有没有白鹤飞来，我可不能保，总之以躯干来论它的年纪，大约总许有二三百岁的样子。第二，里面的一尊韦驮菩萨，系跷起了一只脚，坐在那里的。

涌泉寺的第三个特异之处，真的值得一说的，却是寺里宝藏着的一部经典。这一部经文，前两年日本曾有一位专门研究佛经的学者，来住寺影印，据说在寺里寄住工作了两整年，方才完工，现在正在东京整理。若这影印本整理完后，发表出来，佛学史上，将要因此而起一个惊天动地的波浪，因为这一部经，是天上天下，独一无二的宝藏，就是在梵文国的印度，也早已绝迹了的缘故。此外还有一部血写的《金刚经》，和几时菩提叶画成的藏佛，以及一瓶舍利子，也算是这涌泉寺的寺宝，但比起那一部绝无仅有的佛典来，却谈不上了。我本是一个无缘的众生，对佛学全没有研究，所以到了寺里，只喜欢看那些由和尚尼姑合拜的万佛胜会，寺门内新在建筑的回龙阁，以及大雄宝殿外面广庭里的那两枝由海军制造厂奉献的铁铸灯台之类，经典终于不曾去拜观。可是庙貌的庄严伟大，山中空气的幽静神奇，真是别一个境界，别一所天地；凡在深山大寺，如广东的鼎湖山，浙江的天目山、天台山等处所感得到的一种绝尘超世，缥缈凌云之感，在这里都感受得到。名刹的成名，当然也不是一件偶然的事情。

积累

根据文章内容填空。

（1）福建的山水，实在也真美丽；______仙霞______武夷，______东南直下，便分成无数的山区。地气温暖，________时行，以故山间草木，一年中无______的时候。最奇怪的是，梅花开日，桃李也同时________；相思树、荔枝树、榕树、杜松之属，到处________，即在寒冬，亦像是首夏的样子。

（2）水色的________，水流的________，以及湾处江面的________，总之江上的景色，一切都可以做一种江水________的代表；扬子江没有她的______，富春江不及她的______，珠江比不上她的______。人家把她譬作________，我想这譬喻总只有过之，决不会得不及。

（3）闽都地势，三面______，中流______，形状绝像是一把后有靠背左右有扶手的______。

拓展

郁达夫的《闽游滴沥》包含六篇，建议利用课余时间阅读其余五篇。

2. 客 语[①]

叶圣陶

叶圣陶（1894—1988），原名绍钧，字圣陶，江苏苏州人，现代作家、教育家、出版家，有“优秀的语言艺术家”之称。1921年，他参与发起文学研究会。1923年起，叶圣陶从事编辑出版工作，曾任商务印书馆、开明书店编辑，主编过《文学周报》《小说月报》《中学生》等多种重要刊物。中华人民共和国成立后，曾担任人民教育出版社社长等职务。其代表作有长篇小说《倪焕之》、童话集《稻草人》等。

1923年，叶圣陶受朋友郭绍虞举荐，到福建协和大学（今福建师范大学和福建农林大学的主要前身）执教，并在此期间创作了《客语》。在文中，叶圣陶感叹自己住在福州仓山是“亲近江山”“觉得趣味丰富极了”：“书室的窗外，只隔一片草场，闲闲地流着闽江”“卧室的窗对着山麓，望去有裸露的黑石，有矮矮的松林，有泉水冲过的涧道”。作者用细腻的笔触、洁净的语言描绘了草场牧牛、山顶采樵、月夜听松、仓前晚阳、江边思乡等如诗如画的画面，带给读者美的感受。

向来不曾亲近江山的，到此却觉得趣味丰富极了。书室的窗外，只隔一片草场，闲闲地流着闽江。彼岸的山绵延重叠，有时露出青翠的新妆，有时披上轻薄的雾帔，有时不知从什么地方来了好些云，却与山通起家来，于是更见得那些山

① 本文有删节。

郁郁然有奇观了。窗外这草场差不多是几十头羊与十条牛的领土。看守羊群的人似乎不主张放任主义的，他的部民才吃了一顿，立即用竹竿驱策着，叫它们回去。时时听得仿佛有几个人在那里割草的声音，便想到这十头牛特别自由，还是在场中游散。天天喝的就是它们的奶，又白又浓又香，真是无上的恩惠。

卧室的窗对着山麓，望去有裸露的黑石，有矮矮的松林，有泉水冲过的涧道。间或有一两个人在山顶上樵采，形体渺小极了，看他们在那里运动着，便约略听得微茫的干草瑟瑟的声响。这仿佛是古代的幽人的境界，在什么诗篇什么画幅里边遇见过的。暂时充当古代的幽人，当然有些新鲜的滋味。

月亮还在山的那边，仰望山谷，苍苍的，暗暗的，更见得深郁。一阵风起，总是锐利的一声呼啸一般，接着便是一派松涛。忽然忆起童年的情景来：那一回与同学们远足天平山，就在高义园借宿，稻草衬着褥子，横横竖竖地躺在地上。半夜里醒来了，一点儿光都没有，只听得洪流奔放似的声音，这声音差不多把一切包裹起来了；身体颇觉寒冷，因而把被头裹得更紧些。从此再也不想睡，直到天明，只是细辨那喧而弥静而弥旨的滋味。三十年来，所谓山居就只有这么一回。而现在又听到这声音了，虽然没有那夜那么宏大，但是往后的风信正多，且将常常更甚地听到呢。只不知童年的那种欣赏的心情能够永远持续否……

这里有秋虫，有很多的秋虫，没有秋虫的地方究竟是该诅咒的例外。躺在床上听听，真是奇妙的合奏，有时很繁碎，有时很凝集，而总觉得恰合刚好，足以娱耳。中间有一种不知名的虫，它们的声音响亮而曼长，像是弦乐，而且引起人家一种想象，仿佛见到一位乐人在那里徐按慢抽地演奏。

松声与虫声渐渐地轻微又轻微，终于消失了……

仓前山差不多一座花园，一条路，一丛花，一所房屋，一个车夫，都有诗意。尤其可爱的是晚阳淡淡的时候，礼拜堂里送出一声钟响，绿荫下走过几个张着花纸伞的女郎。

跟着绍虞夫妇前山后山地走，认识了两相仿佛的荔枝树与龙眼树，也认识了长髯飘飘的生着气根的榕树，眺望了我们所住的那座山，又看了胭脂似的西边的暮云，于是坐在路旁的砖砌的矮栏上休息。渐渐地四围昏暗了，远处的山只像几笔极淡的墨痕染渍在灰色的纸上。乡间的女人匆匆地归去，走过我们身边，很自然地向我们看一看。那种浑朴的意态，那种奇异的装束（最足注目的是三支很长的银发钗，像三把小剑，两横一竖地把发髻拢住，我想，两个人并肩走时，横插的剑锋会划着旁人的头发），都使我想到古代的人。同时又想，什么现代精神，什么种种的纠纷，都渺茫得像此刻的远山一样，仿佛沉在梦幻里了。

中秋夜没有月，这倒很好，我本来不希望看什么中秋月。与平常没有月亮的晚上一样，关在书室里，就美孚灯光下做了一点功课，就去睡了。

第二天的傍晚，满天是云，江面黯然。西风震动窗棂，“吉格”作响。突然觉得寂寥起来，似乎无论怎样都不好。但是又不能什么都不，总要在这样那样里占其一，这时候我占的是倚窗怅望。然而怅望又有什么意思呢？

绍虞似乎有点儿揣度得出，他走来邀我到江边去散步。水波被滩石所挡，激触有声。还有广遍而轻轻的风一般的音响平铺在江面上，潮水又退出去了。便随口念旧时的诗句：“潮声应未改，客绪已频更”。

七年以前，我送墨林去南通。出得城来，在江滨的客店里歇宿候船，却成了独客。荒凉的江滨晚景已够叫人怅怅，又况是离别开始的一晚，真觉得百无一可了。聊学雅人口占一诗，借以排遣。现在这两句就是这一首诗里的。唉，又是潮声，又是客绪！

积累

根据文章内容填空。

（1）彼岸的山______，有时露出______，有时披上______，有时不知从什么地方来了好些云，却与山通起家来，于是更见得那些山______有奇观了。

（2）渐渐地四围_______了，远处的山只像_______在灰色的纸上。

（3）第二天的傍晚，满天是云，江面_______。西风震动_______，“吉格”作响。突然觉得_______起来，似乎无论怎样都不好。但是又不能什么都不，总要在这样那样里占其一，这时候我占的是_______。

思考

叶圣陶笔下的福州景致具有什么样的美？

____

____

____

____

拓展

建议阅读叶圣陶的散文名篇《没有秋虫的地方》与童话集《稻草人》。

3. 初访福建（节选）

汪曾祺

汪曾祺（1920—1997），生于江苏省高邮市，中国当代作家、散文家、戏剧家。汪曾祺在短篇小说创作上有颇多成就，对戏剧与民间文艺也有深入钻研。其代表作有短篇小说《受戒》《大淖记事》，散文集《逝水》《人间草木》，剧作《沙家浜》等。

汪曾祺的散文多写身边琐事，使“日常生活审美化”。他写涌泉寺，没有突出寺庙的“规模很大，有气派”，反而用白描的手法描摹生活的细节，极富情趣：“一个小和尚发现我在看他的鞋，说：‘这种鞋很贵，比社会上的鞋要贵得多。’他用的这个词很有意思，‘社会上的’。这大概是寺庙中特有的用词。”汪曾祺的散文语言平淡质朴，娓娓道来，如话家常，但却具有一种雍容恬淡的美，越品越有味。《初访福建》一文中写到了漳州、云霄、厦门、福州和武夷山，这里只节选了福州这一部分。

鼓山顶有大石如鼓，故名。或云有大风雨则发出鼓声，恐是附会。山在福州市东，汽车可以一直开到涌泉寺山门，往返甚便，故游人多。福州附近山都不大，鼓山算是大山了。山不雄而甚秀，树虽古而仍荣，滋滋润润，郁郁葱葱。福州之山，与他处不同。

涌泉寺始建于唐代，是座古刹了，但现在殿宇精整，想是经过几次重建了。涌泉寺不像南普陀那样华丽，但是规模很大，有气派。大殿很高，只供三世佛。十八罗汉则分坐在殿外两边的廊子上，一边九位。这种布局我在别处庙里还没有见过。

寺里和尚很多，大都很年轻，十八九岁。这里的和尚穿了一种特别的僧鞋，黑灯芯绒鞋面，有鼻，厚胶皮底，看来很结实，也很舒服。一个小和尚发现我在看他的鞋，说：“这种鞋很贵，比社会上的鞋要贵得多。”他用的这个词很有意思，“社会上的”。这大概是寺庙中特有的用词。这个小和尚会说普通话。

涌泉寺有几口大锅，据说能供1000人吃饭，凡到寺的香客游人都要去看一看。锅大而深，为铜铁合铸，表面漆黑光滑，如涂了油。这样大的锅如何能把饭煮熟?

寺东山上多摩崖石刻。有蔡襄大字题名两处。一处题蔡襄；一处与苏才翁辈同来，则书“蔡君谟”。题名称字，或是一时风气。蔡襄登鼓山，大概有两次，一次与苏才翁等同来，一次是自来。蔡襄至和三年以枢密直学士知福州，登鼓山或当在此时。然襄是仙游人，到福州甚近便，是否至和间登鼓山，也不能肯定。我很喜欢蔡襄的字。有人以为“宋四家”（苏黄米蔡），实应以蔡为首。这两处题名，字大如斗，端重沉着，与三希堂所刻诸帖的行书不相似。盖摩崖题名别是一体。

西禅寺是新盖的，还没有最后完工，正在进行扫尾工程，石匠在敲錾石板石柱，但已经提前使用……

一个大红的绸制横标上缀着这样的金字。也没有人念经，只是香烟袅绕，烛光烨烨。寺北正在建造一座宝塔，13 层，快要完工了，已经在封顶。这是座钢筋水泥结构的塔。看看这座用现代材料建成的灰白色的塔（塔尚未装饰，装饰后会是彩色的），不知人间何世。

寺、塔，都是华侨捐资所建。

福建人食不厌精，福州尤甚。鱼丸、肉丸、牛肉丸皆如小桂圆大，不是用刀斩剁，而是用棒捶之如泥制成的。入口不觉有纤维，极细，而有弹性。鱼饺的皮是用鱼肉捶成的。用纯精瘦肉加茹粉以木槌捶至如纸薄，以包馄饨（福州叫作“扁肉”）谓之燕皮。街巷的小铺小摊卖各种小吃。我们去一家吃了一“套”风味小吃，10 道，每道一小碗带汤的，一小碟各样蒸的炸的点心，计 20 样矣。吃了一个荸荠大的小包子，我忽然想起东北人。应该请东北人吃一顿这样的小吃。东北人太应该了解一下这种难以想象的饮食文化了。当然，我也建议福州人去吃李连贵大饼。

积累

根据文章内容填空。

（1）山不雄而 ________，树虽古而 ________，滋滋润润，________。

（2）一个大红的绸制横标上 ________ 这样的金字。也没有人念经，只是香烟 ________，烛光 ________。

思考

1. 阅读文章，说说作者初访福州，都“访”了哪些地方，这些地方各有什么特色？

____

____

____

2. 作者是怎样评价福建人的饮食？你赞成吗？谈谈你的看法。

____

____

____

拓展

汪曾祺的《初访福建》是系列文章，除了写福州，作者还写了漳州、云霄、厦门、武夷山等地，建议阅读其余几篇。

4. 贺新郎·三山[1]雨中游西湖

辛弃疾

辛弃疾（1140—1207），字幼安，号稼轩，南宋豪放派词人，有“词中之龙”之称，与苏轼合称“苏辛”。辛弃疾一生以抗金复国为志，却命运多舛、壮志难酬，他把满腔激情和对国家兴亡、民族命运的关切、忧虑，全部寄寓于词作之中。其词风格豪放，却不乏细腻之处；题材广泛，抒写力图统一国土的爱国热情，倾诉壮志难酬的悲愤，谴责屈辱求和的执政者，也吟咏壮美的祖国河山。现存词六百多首，有词集《稼轩长短句》等传世。

辛弃疾两次到福州为官。他非常喜欢福州西湖，将其与杭州西湖相比，称其为“小西湖”，一口气为福州“小西湖”写了四首词。苏轼写杭州西湖是“欲把西湖比西子，淡妆浓抹总相宜”，辛弃疾写福州西湖是“烟雨偏宜晴更好，约略西施未嫁”。在诗人眼中，福州西湖无论是在烟雨蒙蒙中还是在晴天艳阳下都是美丽的，就好像未出嫁的西施，怎么看都是美女。辛弃疾善于化用典故，在作品中用了闽王“水晶台榭”“复道横空”等典故，既写出了福州西湖建筑设计之富丽，又体现了其深厚的历史感。

① 三山：福州城内有屏山、于山、乌山，故有三山之别称。

翠浪吞平野[1]。挽天河[2]谁来照影，卧龙山下。烟雨偏宜晴更好，约略西施未嫁。待细把江山图画。千顷光中堆滟滪[3]，似扁舟欲下瞿塘马。中有句，浩难写。

诗人例入西湖社[4]。记风流重来手种，绿阴成也。陌上游人夸故国[5]，十里水晶台榭[6]。更复道横空[7]清夜。粉黛[8]中洲歌妙曲，问当年鱼鸟无存者。堂上燕，又长夏。

思考

辛弃疾描写了福州西湖怎样的美景？

____

____

____

拓展

阅读苏轼《饮湖上初晴后雨二首·其二》，谈谈你对两首诗的看法。

____

____

____

---

① 翠浪吞平野：水稻长势茂盛，一片翠绿，覆盖了原野，微风吹来，起伏如波浪。
② 天河：银河。
③ 滟滪：指湖中巨石像长江瞿塘峡的滟滪堆。
④ 西湖社：诗人们在西湖组织的诗社。
⑤ 故国：五代时王审知受封为闽王。后其子建国称帝，为其时十国之一。
⑥ 水晶台榭：传说闽王王延钧于城西筑水晶宫。
⑦ 复道横空：在空中架设了复道。
⑧ 粉黛：本为女子的化妆品，这里代指美女。

5. 度浮桥[①]至南台[②]

陆　游

陆游（1125—1210），字务观，号放翁，今浙江绍兴人，南宋著名爱国诗人。与尤袤、杨万里、范成大并称“南宋四大家”。其诗今存九千余首，多数清新圆润，气势恢宏。亦工词，杨慎谓其纤丽处似秦观，雄慨处似苏轼。著有《剑南诗稿》《渭南文集》《南唐书》等。

《度浮桥至南台》是宋代爱国诗人陆游的七言律诗。首联交代出游缘起，客中多病，闻南台之名而作探访；颔联描写浮桥的壮观，笔锋转为雄壮；颈联写至南台的所见所感，对钟鼓和云烟的描写中，“催昏晓”“自古今”透露出深深的感慨；尾联转为豪逸，“白发未除”，但“豪气在”，显示出乐观、豪迈的心境，于榕树下醉吹横笛，是对乐观、豪迈心境的形象化描述。诗人借江山来抒发心中的万千豪情，寄寓着作者对中兴景象的憧憬。全诗意境阔大豪迈，于晓畅流动中显示了豪壮瑰伟的风格。

---

① 浮桥：用船或筏作桥墩、铺上木板而成的桥。此处浮桥横跨南台江，后建成万寿桥。

② 南台：南台山，一作钓台山，位于福州市南。

客中多病废登临[①]，闻说南台试一寻。
九轨[②]徐行怒涛上，千艘[③]横系[④]大江心。
寺楼钟鼓催昏晓，墟落[⑤]云烟自古今。
白发未除豪气[⑥]在，醉吹横笛坐榕阴[⑦]。

积累

背诵《度浮桥至南台》这首诗。

思考

1. 颔联写出了浮桥的什么特点？作者是如何写出浮桥的这一特点的？

______

______

______

2. 颈联和尾联的感情基调有什么不同？请结合具体内容简要赏析。

______

______

______

① 登临：登山临水。
② 九轨：指浮桥上的多辆车子。九，指数量多，形容浮桥宽。轨，指两只车轮之间的距离。
③ 千艘：指作为浮桥桥墩的船只。千，指数量多，形容浮桥长。
④ 系：系着，缚住。
⑤ 墟落：村落。
⑥ 豪气：豪迈的气概。
⑦ 榕阴：榕树的树荫。

拓展

《卜算子·咏梅》是陆游创作的一首词。上片写梅花的困难处境，下片写梅花的灵魂及生死观。词人以物喻人，托物言志，以清新的格调写出了傲然不屈的梅花，暗喻自己虽终生坎坷却坚贞不屈，达到物我融一的境界。这首词笔致细腻，意味深隽，是咏梅词中的绝唱。

卜算子·咏梅

陆 游

驿外断桥边，寂寞开无主。已是黄昏独自愁，更著风和雨。

无意苦争春，一任群芳妒。零落成泥碾作尘，只有香如故。

6. 游黄蘗山①

江 淹

江淹（444—505），南朝政治家、文学家，今河南商丘人。年少时即以才华著称于世，留下“梦笔生花”的传说；晚年才思渐减，故有“江郎才尽”之说。江淹是南朝辞赋大家，其作品代表了当时辞赋的极高水平，如《恨赋》《别赋》等。江淹的诗虽不及他的辞赋和骈文，但也不乏优秀之作，其特点是意趣深远，在齐梁诸家中尤为突出。

这首诗作于江淹被贬南平浦城期间。作者以形象的语言描写了闽浙赣交界处的“碧水丹山”：“金峰”“铜石”点明山、石的丹色，“亏日”“临天”写出山势的险峻；“残杌”“禽鸣”“猿啸”写出山的险僻幽静。日光下山峰五彩缤纷，泉水在溪谷中奔流，古木成荫，鸟鸣猿啸，置身于这样一个人迹罕至的幽美之地，诗人不禁感叹“赤县多灵仙”，油然生出仰慕秦皇汉武“求仙”的心志。

① 黄蘗山：应当指“黄蘗峤”，位于今天的闽浙赣三省交界处。

长望竟何极，闽云连越边。
南州饶奇怪，赤县多灵仙。
金峰各亏日，铜石共临天[①]。
阳岫照鸾采，阴溪喷龙泉[②]。
残杌[③]千代木，廧崒[④]万古烟。
禽鸣丹壁上，猿啸青崖间。
秦皇慕隐沦，汉武愿长年。
皆负雄豪威，弃剑为名山。
况我葵藿志[⑤]，松木横眼前。
所若同远好，临风载悠然。

积累

辨析下列形似字，并组词。

淹（　　）　竟（　　）　饶（　　）
掩（　　）　竞（　　）　绕（　　）

鸣（　　）　潇（　　）　载（　　）
呜（　　）　啸（　　）　栽（　　）

① 金峰、铜石：形容闽、赣诸省山区的红土壤。
② 阳岫、阴溪：指朝阳的山峰和背阴的溪谷。
③ 残杌（wù）：指枝叶落尽的枯树干。
④ 廧崒（qiáng zú）：形容高峻的样子。
⑤ 葵藿（kuí huò）志：指仰慕秦皇汉武的心志。秦始皇与汉武帝都是有作为的皇帝，但晚年都一心“求仙”、妄想长生不死。

思考

诗人从哪些角度描绘黄檗山的美景？

____

____

____

____

____

____

拓展

利用课后时间吟诵江淹的代表作《恨赋》《别赋》等。

7. 道山亭记

曾　巩

曾巩（1019—1083），今江西南丰人，北宋政治家、散文家、史学家，“唐宋八大家”之一，曾任福州知州。他是北宋诗文革新运动的积极参与者，新古文运动的骨干，在古文理论方面主张“文以明道”。他的散文大多为“明道”之作，文风以“古雅、平正、冲和”著称。其文风源于六经，又集司马迁、韩愈之长，古雅本正，温厚典雅，章法严谨，长于说理，为时人及后辈所师范，有《元丰类稿》和《隆平集》传世。

本文是曾巩于宋元丰二年（1079）创作的一篇散文。作者以洋洋洒洒的文笔，描写了闽地的山川形势、水陆交通及风土民情，点出道山亭的景状及寓意。文章构思新颖别致，虽题为“道山亭记”，却对道山亭本身的构造和外观几乎没有着墨，而是从遥远的历史和广阔的空间慢慢道来，如同电影中的远镜头逐渐向观众逼近，再变为特写镜头，让读者既能从阔大的背景中远视，又能在焦点上细察，具有丰厚的美学韵味。文章文笔奇崛，短句纷陈，简练生动，给读者留下鲜明而又深刻的印象。

闽，故隶周者也。至秦，开其地，列于中国，始并为闽中郡。自粤之太末，与吴之豫章，为其通路。其路在闽者，陆出则阨[①]于两山之间，山相属无间断，

① 阨：隔断。

累数驿乃一得平地，小为县，大为州，然其四顾亦山也。其途或逆坂如缏[1]，或垂崖如一发，或侧径钩出于不测之溪上：皆石芒峭发，择然后可投步。负戴者虽其土人，犹侧足然后能进。非其土人，罕不踬也。

其溪行，则水皆自高泻下，石错出其间，如林立，如士骑满野，千里下上，不见首尾。水行其隙间，或衡缩蟉糅[2]，或逆走旁射，其状若蚓结，若虫镂，其旋若轮，其激若矢。舟溯沿者，投便利，失毫分，辄破溺[3]。虽其土长川居之人，非生而习水事者，不敢以舟楫自任也。其水陆之险如此。汉尝处[4]其众江淮之间而墟其地，盖以其狭[5]且阻，岂墟也哉？

福州治侯官，于闽为土中，所谓闽中也。其地于闽为最平以广，四出之山皆远，而长江在其南，大海在其东，其城之内外皆涂，旁有沟，沟通潮汐，舟载者昼夜属于门庭。麓多桀木，而匠多良能，人以屋室巨丽相矜，虽下贫必丰其居，而佛、老子之徒，其宫又特盛。城之中三山，西曰闽山，东曰九仙山，北曰越王山，三山者鼎趾立。其附山，盖佛、老子之宫以数十百，其瑰诡殊绝之状，盖已尽人力。

光禄卿、直昭文馆程公为是州，得闽山嵚崟[6]之际，为亭于其处，其山川之

---

① 缏（gēng）：粗绳子。

② 衡缩蟉（liú）糅：水势顺着地势蜿蜒流动。

③ 破溺：船破，溺水。

④ 处：处理，安置。

⑤ 狭：狭窄的意思。

⑥ 嵚崟（qīn yín）：山势高耸的样子。

胜，城邑之大，宫室之荣，不下簟席而尽于四瞩。程公以谓在江海之上，为登览之观，可比于道家所谓蓬莱、方丈、瀛州之山，故名之曰“道山之亭”。闽以险且远，故仕者常惮往，程公能因其地之美，以寓其耳目之乐，非独忘其险且远，又将抗其思于埃𡋯[①]之外，其志壮哉！

程公于是州以治行闻，既新其城，又新其学，而其余功又及于此。盖其岁满就更广州，拜谏议大夫，又拜给事中、集贤殿修撰，今为越州，字公辟，名师孟云。

积累

解释下列句子中的加点字。

（1）闽，故隶周者也（　　）　（2）累数驿乃一得平地（　　）

（3）或垂崖如一发（　　）　（4）负戴者虽其土人（　　）

（5）失毫分，辄破溺（　　）　（6）人以屋室巨丽相矜（　　）

思考

读了《道山亭记》，你对古代闽地的山川形势、水陆交通及风土民情有怎样的认识？

____

____

____

____

____

① 埃𡋯（ài）：凡尘，世俗。

拓展

历史上许多文人为道山亭写过诗词，搜集、朗诵这些诗词，加深对道山亭的认识。

谒金门·道山亭饯张椿老赴行在

张元干[1]

风露底石上岸巾愁起。月到房心天似水。乱峰清影里。

此去登瀛须记。今夕道山同醉。春殿明年人共指。玉皇香案吏。

福州道山亭

刘克庄[2]

绝顶烟开霁色新，万家台观密如鳞。

城中楚楚银袍子，来读曾碑有几人。

① 张元干（1091—约1161），字仲宗，号芦川居士、真隐山人，晚年自称芦川老隐，今福州永泰人。他与张孝祥并称南宋初期“词坛双璧”。

② 刘克庄（1187—1269），南宋诗人、词人、诗论家。字潜夫，号后村，福建莆田人。宋末文坛领袖，辛派词人的重要代表，词风豪迈慷慨。

宴道山亭复风雨有感作

李士瞻

闽川又复过清明，花信风牵倍感情。
四海再逢虞舜日，三年两驻越王城。
春光寂寂啼山鸟，云影悠悠拂羽旌。
可是东君不相下，狂飙吹雨溅银争。

8. 游九鲤湖日记（节选）

徐霞客

徐霞客（1587—1641），名弘祖，字振之，号霞客，今江苏江阴人，明代地理学家、旅行家。他自幼好学，博览群书，欲"问奇于名山大川"；21岁开始专心旅行，30多年历尽艰险，足迹遍及大江南北。旅途中他据考察所得，按日记载，去世后由季梦良等整理成《徐霞客游记》。《徐霞客游记》生动、准确、详细地记录了我国丰富的自然资源和地理景观，为历史学、地理学的研究提供了大量重要资料，具有很高的科学价值和文学价值。

1620年，徐霞客第二次入闽，游九鲤湖。九鲤湖在仙游县东北约13千米处，相传汉武帝时，有何氏九仙在此骑鲤升天，故而得名。九鲤湖在山巅，有九级瀑布飞泻而下。闽方言中称瀑布为"漈"（jì），徐霞客描述九鲤湖瀑布时，皆沿用"九漈"的说法。本文记述的是作者游九鲤湖第二至第四"漈"。文章叙事简练明晰，生动形象地描述了九鲤湖"峡石如劈"、瀑布"飞喷冲激"、"潭水深泓澄碧"等胜景，让人读之如身临其境。

初九日，辞九仙，下穷九漈。九漈去鲤湖且数里，三漈而下，久已道绝。数月前，莆田祭酒尧俞，令陆善开复鸟道，直通九漈，出莒[1]溪。悔昨不由侧

---

① 莒（jǔ）：地名。

径溯漈而上，乃纡从大道，坐失此奇。遂束装改途，竟出九漈，瀑布为第二漈，在湖之南，正与九仙祠相对。湖穷而水由此飞堕[①]深峡，峡石如劈，两崖壁立万仞。水初出湖，为石所扼辖制，势不得出，怒从空坠，飞喷冲激，水石各极雄观。再下为第三漈之珠帘泉，景与瀑布同。右崖有亭，曰观澜。一石曰天然坐，亦有亭覆之。从此上下岭涧，盘折峡中。峡壁上覆下宽，珠帘之水，从正面坠下；玉管之水，从旁霭[②]沸溢。两泉并悬，峡壁下削，铁障四周，上与天并，玉龙双舞，下极潭际。潭水深泓澄碧，虽小于鲤湖，而峻壁环锁，瀑流交映，集奇撮[③]胜，惟此为最！所谓第四漈也。

积累

根据文章内容填空。

（1）湖穷而水由此_______，峡石_______，两崖_______。

（2）水初出湖，为石所，势不得出，_______，飞喷冲激，水石各极_______。

（3）峡壁上覆下宽，_______之水，从正面_______；玉管之水，从旁霭_______。

---

① 堕（duò）：落，掉。
② 霭（ǎi）：云气，雾气。
③ 撮（cuō）：聚合，聚拢。

思考

文章描写了三“潫”的水态水势。它们各有什么特点？（可用原句回答）

拓展

阅读下面一文，加深对徐霞客的认识。

徐霞客传

徐霞客者，名弘祖，江阴梧塍里人也。生于里社[①]，奇情郁然，玄对山水[②]，力耕奉母。践更繇役[③]，蹙蹙[④]如笼鸟之触隅，每思飏去。

年三十，母遣之出游。其行也，不治装，不裹粮；能忍饥数日，能遇食即饱，能徒步走数百里，凌绝壁，冒丛箐，扳援下上，悬度绠汲[⑤]。捷如青猿，健如黄犊。居平未尝为古文辞，行游约数百里，就破壁枯树，燃松拾穗，走笔为记，如甲乙之簿，如丹青之画，虽才笔之士，无以加也。

——节选自钱谦益《徐霞客传》，有删改

① 里社：乡里。

② 玄对山水：魏晋时期，玄学家们追求超越世俗，让自己心中有一方清澈澄明的丘原山林，称“玄对山水”。这里指徐霞客性喜山水。

③ 践更繇役：指出钱请人代替服劳役。繇，通“徭”，劳役。

④ 蹙蹙（cù）：局促、不得舒展的样子。

⑤ 悬度绠汲（gěng jí）：以悬索度山谷，攀绳登山，如绠之汲水。

第五单元

理性光芒

真理与智慧就像火焰一样光明。闽地的思想家，如朱熹、李贽、严复等，以真知灼见照耀中华文化的天空。理性的光芒需要不断收集和传承。

这一单元选取了邓拓谈读书的议论文《不求甚解》，指出要“活”读书；林白水谈儿童教育的杂谈，提出要做好“德育”和“体育”；著名科普作家高士其和贾祖璋的科普文章，则以优美的文字向大家传递科学知识；南帆的智性散文充满哲理，显示出对生命的关怀和悲悯；先贤蔡襄的《荔枝谱·第三》，言简意赅，清妙喜人；林嗣环的《口技》一文惟妙惟肖，令人拍案叫绝。

这一单元注重从理性思辨的角度选文，希望引领大家领略八闽名家作品中思辨的乐趣。

1. 不求甚解

邓　拓

邓拓（1912—1966），原名子健，笔名马南邨，今福建福州人，当代杰出新闻工作者、作家、历史学家、书画收藏家。1961 年，他与吴晗、廖沫沙合作在《前线》杂志撰写《三家村札记》杂文。所撰写的社论、杂文，具有较高的思想性和艺术性，著有《燕山夜话》等作品。

这是一篇议论文，主要论证“重要的书必须常常反复阅读，每读一次都会觉得开卷有益”这个道理。文章首先提出问题，摆出现状，即现在人们对“不求甚解”古义的否定，进而指出这种否定属于看问题绝对化；然后分析问题，正面阐述陶渊明的本意；最后解决问题，进一步强调不能仅仅记住一些字句的“甚解”，而要“活”读书，要理解“精神实质”。

一般人常常以为，对任何问题不求甚解都是不好的。其实也不尽然。我们虽然不必提倡不求甚解的态度，但是，盲目地反对不求甚解的态度同样没有充分的理由。

不求甚解这句话最早是陶渊明说的。他在《五柳先生传》这篇短文中写道：

“好读书，不求甚解；每有会意，便欣然忘食。”人们往往只抓住他说的前一句话，而丢了他说的后一句话，因此，就对陶渊明的读书态度很不满意，这是何苦来呢？他说的前后两句话紧紧相连，交互阐明，意思非常清楚。这是古人读书的正确态度，我们应该虚心学习，完全不应该对他滥加粗暴的不讲道理的非议。

应该承认，好读书这个习惯的养成是很重要的。如果根本不读书或者不喜欢读书，那么，无论说什么求甚解或不求甚解就都毫无意义了。因为不读书就不了解什么知识，不喜欢读也就不能用心去了解书中的道理。一定要好读书，这才有起码的发言权。真正把书读进去了，越读越有兴趣，自然就会慢慢了解书中的道理。一下子想完全读懂所有的书，特别是完全读懂重要的经典著作，那除了狂妄自大的人以外，谁也不敢这样自信。而读书的要诀，全在于会意。对于这一点，陶渊明尤其有独到的见解。所以，他每每遇到真正会意的时候，就高兴得连饭都忘记吃了。

这样说来，陶渊明主张读书要会意，而真正的会意又很不容易，所以只好说不求甚解了。可见这不求甚解四字的含义，有两层：一是表示虚心，目的在于劝诫学者不要骄傲自负，以为什么书一读就懂，实际上不一定真正体会得了书中的真意，还是老老实实承认自己只是不求甚解为好。二是说明读书的方法，不要固执一点，咬文嚼字，而要前后贯通，了解大意。这两层意思都很重要，值得我们好好体会。

列宁就曾经多次批评普列汉诺夫，说他自以为熟读马克思的著作，而实际上对马克思的著作却做了许多曲解。我们今天对于马克思列宁主义的经典著作，也应该抱虚心的态度，切不可以为都读得懂，其实不懂的地方还多得很哩！要想把经典著作读透，懂得其中的真理，并且正确地用来指导我们的工作，还必须不断努力学习。要学习得好，就不能死读，而必须活读，就是说，不能只记住经典著作的一些字句，而必须理解经典著作的精神实质。

在这一方面，古人的确有许多成功的经验。诸葛亮就是这样读书的。据王粲的《英雄记钞》说，诸葛亮与徐庶、石广元、孟公威等人一道游学读书，“三人务于精熟，而亮独观其大略”。看来诸葛亮比徐庶等人确实要高明得多，因为观其大略的人，往往知识更广泛，了解问题更全面。

当然，这也不是说，读书可以马马虎虎，很不认真。绝对不应该这样。观其大略同样需要认真读书，只是不死抠一字一句，不因小失大，不为某一局部而放弃了整体。

宋代理学家陆象山的语录中说：“读书且平平读，未晓处且放过，不必太滞。”这也是不因小失大的意思。所谓未晓处且放过，与不求甚解的提法很相似。放过是暂时的，最后仍然会了解它的意思。

经验证明，有许多书看一遍两遍还不懂得，读三遍四遍就懂得了；或者一本书读了前面有许多不懂的地方，读到后面才豁然贯通；有的书昨天看不懂，过些日子再看才懂得；也有的似乎已经看懂了，其实不大懂，后来有了一些实际知识，才真正懂得它的意思。因此，重要的书必须常常反复阅读，每读一次都会觉得开卷有益。

积累

1. 作者批驳的论点是什么？

2. 第六段中运用了什么论证方法？有何作用？

思考

1. 陶渊明式的"不求甚解"的含义是什么？如何正确认识"不求甚解"？

____

____

____

2. 你在读书过程中有什么心得体会？用文字把这些心得体会记录下来。

____

____

____

拓展

阅读陶渊明的《五柳先生传》。

五柳先生传

陶渊明

先生不知何许人也，亦不详其姓字。宅边有五柳树，因以为号焉。闲静少言，不慕荣利。好读书，不求甚解；每有会意，便欣然忘食。性嗜酒，家贫不能常得。亲旧知其如此，或置酒而招之。造饮辄尽，期在必醉；既醉而退，曾不吝情去留。环堵萧然，不蔽风日，短褐穿结，箪瓢屡空，晏如也。常著文章自娱，颇示己志。忘怀得失，以此自终。

赞曰：黔娄有言："不戚戚于贫贱，不汲汲于富贵。"其言兹若人之俦乎？衔觞赋诗，以乐其志。无怀氏之民欤？葛天氏之民欤？

2. 儿童教育谈

林白水

林白水（1874—1926），又名万里，字少泉，今福建福州人，近代史上著名的新闻工作者。他早年参加过孙中山领导的同盟会，积极参加反清活动，一生爱国爱民、坚持革命；先后在近10家报纸从事主编、编辑和撰稿工作，是当时新闻界与邵飘萍齐名的人物，被誉为报界先驱。

这是一篇针对儿童教育的杂谈。文章首先提出自己对儿童教育的看法，即：人生世间的三项做人资格——有道德、有知识、体魄强健——都不是与生俱来的，而是靠从小教育训练出来的。作者接着批判了中国旧式教育的不足，并进而强化儿童教育“顶要紧”的“两门”，一是德育，二是体育。作为早年留学归来、“睁眼看世界”的知识分子中的一员，作者的这些看法对当时的民众及儿童教育具有一定的启蒙意义和推动作用。这篇文章的语言表达具有明显的早期白话文的特点，与今天的语言表达习惯及规范略有差异，阅读时要注意。

现在小孩子读书要紧，这句话没有人不晓得的了。大凡人生在世间，必须有个做人的资格。这资格不是出世时候就带来的，专靠着少时教育，慢慢地养成一种好资格。你道这资格到底怎样呢？一有道德，二有知识，三体魄强健。以上三项，都是由平日训练出来的。这训练的工夫，也非一朝一夕。我们中国的小孩子，从小叫他读“四书五经”，这何曾不是望他以后能够为圣作贤？但这四书本不是做给小孩子读的，说话太深远，小孩子未必能懂。那五

经更不是教科书了，它里头所说的大半关于政治。你想七八岁的小孩子，跟他讲政治学，他却哪里听得懂呢？因为你们教育不得法，天天拿这闷煞人的书给他读，所以他愈读愈呆了。坐在书斋里，口里头只管喊诗云、只管喊子曰、只管喊粤若稽，其实自己也莫名其妙。所以弄到后来，不止道德上一点受益没有，即知识上也只是一天一天闭塞起来。至于那体魄更是不好了，一天坐到晚，精神上一点不活泼，血脉一点不运动，脑筋里头只管苦闷，毫不快乐。那先生做起威风，喝不绝口，打不停手，看看也同阎王差不多了；这个书房任你收拾得怎样精工，看看也同活地狱了。唉！可怜这小孩子，受这种苦恼，你做父兄的也未免太罪过了。现在儿童的教科书也出得不少，教授的方法各书里头也曾说了许多（如《上海蒙学报》等类）。能够赶紧采用各书的话，把儿童教育慢慢地改良，后来就不怕没有好结果了。但如今儿童教育最宜注意者却有两种，我今再按段说来，请你列位看看。

儿童教育，顶要紧的是德育一门。德国有个哲学大家名叫康德，他曾说道：“凡儿童教育，有四件顶要紧的：第一，要使他品行性情方方正正，养成一种温良从顺的性格；第二，要开通他的知识，使他将能力发达出来；第三，勉励他做社会上有用的人才；第四，教他实行道德，勉力做良善的人。”这四件中间，更以实行道德、勉为善人为顶要紧的，不许错乱，大概总以养成服从法律为要，这种教育也叫作武力教育。

从前有个斯巴达国，他国里的人民武勇得了不得，通国人民个个都是武勇的，所以那时候斯巴达国也曾称强一时。他那武力教育法子妙得很：当孩儿初生时候，拿一盆酒精把他洗一洗。这酒精是很厉害的，若是体弱的小孩，经了酒精一洗必定当不住。所以他既洗完之后，要将这小孩送到裁判所去查验。那身体强的小孩，养到七八岁，就要进公共的教育场，教师教他练习疾走、飞跃、游泳、投掷、击剑、骑马、打猎各技。在家时候，脚底不许他穿鞋子，就是极冷的天气，也没有多衣服穿，使他耐饥耐寒，把筋骨都练成铜铁一般，到长大时候就能够打仗了。现在的日本国，他只有三岛之地，人口只有四千几万，他竟这样强，连俄罗斯都打他不过，这是什么缘故呢？因为日本国向来讲究武事，他国里头最看重武士道，这武士道就是顶有武勇的人了。他又说道“大和魂”，大和就是日本，大和魂就是日本的国魂。他以武勇为他的国魂，所以一个个都要学习武事，如今竟能做地球上的强国。可见这体育一门，关系国家强弱大得很了。我们中国小孩子一向关在家里，一点不运动，弄得体气柔弱，如同妇人，胆子一些也没有，那尚武的精神、冒险的性质都丧尽了。如今全国弄成软怯病，若不赶紧想法挽救，眼见亡国就在目前了。这挽救的法术，可不是由小孩子体育做起吗？

积累

下列加点字注音全对的一项是（　　）。

A. 体魄（pò）　挽救（wǎn）　一字千钧（jīn）

B. 软怯（qiè）　查验（yàn）　煞有介事（shà）

C. 闭塞（sāi）　血脉（xuè）　所向披靡（mǐ）

D. 投掷（zhì）　苦闷（mēn）　风华正茂（mào）

思考

1. 在作者看来，中国的儿童教育存在什么问题？有什么危害？

2. 作者运用了哪些论证方法，让文章具有说服力？

拓展

查阅资料，了解林白水作为报界先驱的贡献。

3. 蚂　蚁

南　帆

南帆（1957—　），本名张帆，福建福州人，著名文学评论家。著有《冲突的文学》《文学的维度》《隐蔽的成规》《辛亥年的枪声》等。福建师范大学孙绍振教授认为，南帆散文最大的特点，"就是超越抒情，冷峻地审智，以突破话语的遮蔽为务。"

《蚂蚁》是一篇很有趣味的哲理小品。作者通过蚂蚁运饼干这一细小的行为引发对人生、对生命的思考，由蚂蚁幸福的"货真价实"感悟人在大自然中的渺小，表现了作者对生命深切的悲悯情怀。文章意味隽永、耐人咀嚼，充分体现了作者高超的语言驾驭能力和丰富的想象力。

南帆的文章，有"深微的生命体验，在对生活真相和思想疑难的不懈追问中，有个体生命的真实刻度"。作者在文章中表现出来的对生命个体的关怀值得我们深切体会。

一只蚂蚁畏畏缩缩地爬上了我的书桌，如同一个成功的偷渡者。

一缕阳光穿过窗帘的缝隙投射到桌面上。这只蚂蚁越过阳光地带，微小的身躯透彻晶莹，没有一点杂质。

书桌是一块陌生的大陆。这只孤独的蚂蚁有一点胆怯。它谨慎地左顾右盼，慢慢地朝一个方向迈出了几步，随后又不放心地退了回来，往另一个方向试探。它的小脑袋不停地摇晃，仿佛在认真地嗅着什么，作出某种重大的判断。终于，它下定了决心，义无反顾地对准一个方向前进。此刻，这只蚂蚁从我面前的稿纸上面爬过，信念坚定。

我在稿纸上写下两个字："蚂蚁"。

这只蚂蚁在桌面上发现了我丢下的一粒饼干屑，它惊奇地停了下来，快乐得就要晕过去了。蚂蚁围绕着这粒饼干屑不停地打圈子，冲上去尝了尝，随即又退回原处，远远地打量这个意外的战利品。它在瞬息之间明白了运气的涵义。

我在心里想，可怜的小东西，多么渺小的幸福。它的世界仅仅是这一张桌面。它无法知道，它的上方就有一副怜悯的眼光居高临下地观察它，更不知道某一根手指顷刻之间就能将它捻成碎末。

我并没有感到自己比蚂蚁优越。也许，另一个高度上面，同样有一副眼光正在注视着我，主宰我的命运——一切如同我之于蚂蚁一样。

这只蚂蚁竭尽全力地扛起了那粒饼干屑，在我的眼光下面蹒跚地往回走。它的幸福是货真价实的，我实在不忍心戳破它的快乐。

于是，我伸手拿起了笔，在稿纸上写下一行字："蚂蚁是令人感慨的动物。"我不知道，我是在感慨我自己吗？

积累

根据文章内容填空。

（1）终于，它下定了决心，________地对准一个方向前进。此刻，这只蚂蚁从我面前的稿纸上面爬过，信念坚定。

（2）它的幸福是________的，我实在不忍心戳破它的快乐。

思考

1. 理性风趣的语言成就了这篇文章的"趣味"。请找出文章中体现"趣味"的词语或句子，认真分析体会。

____

____

____

____

2. 作者真的认为蚂蚁的幸福是货真价实的吗？

____

____

____

____

拓展

南帆的散文被称为"智性散文"的代表。请利用课余时间阅读南帆的散文《辛亥年的枪声》《关于我父母的一切》《戊戌年的铡刀》等，体会"智性散文"的特点。

4. 笑

高士其

高士其（1905—1988），原名高仕錤，福建福州人，著名科普作家，中国科普事业的先驱和奠基人。高士其是一位多产的科普作家，创作了大量的科学小品。其代表作有《揭穿小人国的秘密》《细菌的衣食住行》《菌儿自传》《我们的土壤妈妈》等。

这是一篇科普说明文，结构严谨，条理清晰，中心突出，语言准确、严密、庄重。全文共 33 自然段，采用“总—分—总”结构：第 1—2 段总起全文，从医学的角度说明什么是“笑”；第 3—22 段说明“笑”对身体健康和社会生活的作用，阐明“笑”的好处和内涵；第 23—29 段总结全文。作者用散文诗般的语言给予“笑”热烈的讴歌，并表达“让全人类都有笑意、笑容和笑声”的美好愿望，这正是作者奋斗一生的最高目标。

随着现代医学的发展，我们对于笑的认识，更加深刻了。

笑，是心情愉快的表现，对于健康是有益的。笑，是一种复杂的神经反射作用，当外界的一种笑料变成信号，通过感官传入大脑皮层，大脑皮层接到信号，就会立刻指挥肌肉或一部分肌肉动作起来。

小则嫣然一笑，笑容可掬，这不过是一种轻微的肌肉动作，一般的微笑，就是这样。

大则是爽朗的笑，放声的笑，不仅脸部肌肉动作，就是发声器官也动作起来。捧腹大笑，手舞足蹈，甚至全身肌肉、骨骼都动员起来了。

笑在胸腔，能扩张胸肌，使人呼吸正常。

笑在肚子里，腹肌收缩了而又张开，及时产生胃液，帮助消化，增进食欲，促进人体的新陈代谢。

笑在心脏，血管的肌肉加强了运动，使血液循环加强，淋巴循环加快，使人面色红润，神采奕奕。

笑在全身，全身肌肉都动作起来，兴奋之余，使人睡眠充足，精神饱满。

笑，也是一种运动，不断地变化发展。笑的声音有大有小；有远有近；有高有低；有粗有细；有快有慢；有真有假；有聪明的，有笨拙的；有柔和的，有粗暴的；有爽朗的，有娇嫩的；有现实的，有浪漫的；有冷笑，有热情的笑，如此等等，不一而足，这是笑的辩证法。

笑有笑的哲学。

笑的本质，是精神愉快。

笑的现象，是让笑容、笑声伴随着你的生活。

笑的形式，多种多样，千姿百态，无时不有，无处不有。

笑的内容，丰富多彩，包括人的一生。

笑话、笑料的题材，比比皆是，可以汇编成专集。

笑有笑的医学。笑能治病，神经衰弱的人，要多笑。

笑可以消除肌肉过分紧张的状况，防止疼痛。

笑也有一个限度，适可而止，有高血压和患有心肌梗塞毛病的病人，不宜大笑。

笑有笑的心理学。各行各业的人，对于笑都有他们自己的看法，都有他们的心理特点。售货员对顾客一笑，这笑是有礼貌的笑，使顾客感到温暖。

笑有笑的政治学。做政治思想工作的人，非有笑容不可，不能板着面孔。

笑有笑的教育学。孔子说：“学而时习之，不亦说乎！”这是孔子勉励他的门生们要勤奋学习。读书是一件快乐的事。我们在学校里，常常听到读书声，夹着笑声。

笑有笑的艺术。演员的笑，笑得那样惬意，那样开心。所以，人们在看喜剧，滑稽戏和马戏等表演时，剧场里总是笑声满座。笑有笑的文学，相声就是笑的文学。

笑有笑的诗歌。在春节期间，《人民日报》发表了有笑的诗。其内容是："当你撕下八一年的第一张日历，你笑了，笑了，笑得这样甜蜜，是坚信，青春的树越长越葱茏？是祝愿，生命的花愈开愈艳丽？呵！在祖国新年建设的宏图中，你的笑一定是浓浓的春色一笔……"

笑，你是嘴边一朵花，在颈上花苑里开放。

你是脸上一朵云，在眉宇双目间飞翔。

你是美的姐妹，艺术的娇儿。

你是爱的伴侣，生活有了爱情，你笑得更甜。

笑，你是治病的良方，健康的朋友。

你是一种动力，推动工作与生产前进。

笑是一种个人的创造，也是一种集体生活感情融洽的表现。

笑是一件大好事，笑是建设社会主义精神文明的一个方面。

我这篇科学小品，再加上外国的资料，可以在大百科全书中，在笑的项目下，占有一席的地位。

让全人类都有笑意、笑容和笑声，把悲惨的世界变成欢乐的海洋。

积累

下列加点字注音有误的一项是（　　）。

A. 嫣然（yān）　惬意（qiè）　捧腹大笑（pěng）

B. 梗塞（sè）　滑稽（jī）　笑容可掬（yū）

C. 淋巴（lín）　笨拙（zhuó）　良莠不齐（yǒu）

D. 葱茏（cōng）　融洽（qià）　神采奕奕（yì）

思考

1. 文章结尾发出“让全人类都有笑意、笑容和笑声”的美好祝愿。结合文中所介绍的关于笑的知识，简要说说“笑”能给人们的身心和社会生活带来哪些益处。

2. 整理有关“笑”的词语和描写“笑”的句子。

拓展

高士其是我国杰出的科普作家。他写的科普小品语言活泼、形象生动。请找来他的其他作品阅读，体会作者生动活泼、妙趣横生的知识普及形式。

5. 南州六月荔枝丹①

贾祖璋

贾祖璋（1901—1988），浙江嘉兴人，晚年在福建生活，著名科普作家，近现代科学小品文的先驱和开拓者。贾祖璋先生从 20 世纪 20 年代开始撰写科普文章。他的作品以多姿多彩的文学形式，生动活泼地传播以生物学为主的科学知识，深受读者喜爱。其代表作有《花儿为什么这样红》《蝉》《鸟与文学》等。

这是一篇文艺性说明文，除了注意介绍知识的科学性外，还使用了不少生动、形象的语言，突出了文章的文艺性和形象性。文章前半篇以白居易《荔枝图序》为线索，对荔枝果实逐层说明。其间又引“飞焰欲横天”“红云几万重”等诗句描写荔枝的颜色；引“盈盈荷瓣风前落，片片桃花雨后娇”诗句表现荔枝的膜，引用的文字生动活泼，具有文学韵味，增强了阅读兴趣，给人留下鲜明的印象。

幼年时只知道荔枝干的壳和肉都是棕褐色的。上了小学，老师讲授白居易的《荔枝图序》，读到“壳如红缯，膜如紫绡，瓤肉莹白如冰雪，浆液甘酸如醴酪”，实在无法理解，荔枝哪里会是红色的！荔枝肉像冰雪那样洁白，不是更可怪吗？向老师提出疑问，老师也没有见过鲜荔枝，无法说明白，只好不了了之。假如是

① 本文有删节。

现在，老师纵然没有见过鲜荔枝，也可以找出科学的资料，给有点钻牛角尖的小学生解释明白吧。

白居易用比喻的笔法来描写荔枝的形态，的确也有不足之处。缯是丝织物，丝织物滑润，荔枝壳却是粗糙的。用果树学的术语来说，荔枝壳表面有细小的块状裂片，好像龟甲，特称龟裂片。裂片中央有突起部分，有的尖锐如刺，这叫作片峰。裂片大小疏密，片峰尖平，都因品种的不同而各异。

成熟的荔枝，大多数是深红色或紫色。生在树头，从远处当然看不清它壳面的构造，只有红色映入眼帘，因而把它比做“绛囊”“红星”“珊瑚珠”，都很逼真。至于整株树以至成片树林，那就成为“飞焰欲横天”“红云几万重”的绚丽景色了。荔枝的成熟，广东是四月下旬到七月，福建是六月下旬到八月，都以七月为盛期，“南州六月荔枝丹”指的是阴历六月，正当阳历七月。荔枝也有淡红色的，如广东产的“三月红”和“桂绿”等。又有黄荔，淡黄色而略带淡红。

荔枝呈心脏形、卵圆形或圆形，通常蒂部大，顶端稍小。蒂部周围微微突起，称为果肩；有的一边高，一边低。顶端叫果顶，浑圆或尖圆。两侧从果顶到蒂部有一条沟，叫做缝合线，显隐随品种而不同。旧记载中还有一些稀奇的品种，如细长如指形的“龙牙”、圆小如珠的“珍珠”，因为缺少经济价值，现在已经绝种了。

荔枝大小，通常是直径三四厘米，重十多克到二十多克……

所谓“膜如紫绡”，是指壳内紧贴壳的内壁的白色薄膜。说它“如紫绡”，是把壳内壁的花纹误作膜的花纹了。明代徐勃有一首《咏荔枝膜》诗，描写吃荔枝时把壳和膜扔在地上，好似“盈盈荷瓣风前落，片片桃花雨后娇”，是夸张的说法。

荔枝的肉大多数白色半透明，说它“莹白如冰雪”，完全正确。有的则微带黄色。从植物学的观点看，它不是果肉，而是种子外面的层膜发育而成的，应称作假种皮。真正的果肉倒是前面说的连同果壳扔掉的那一层膜。荔枝肉的细胞壁特别薄，所以入口一般都不留渣滓。味甜微酸，适宜于生食。有的纯甜。早熟品种则酸味较强。荔枝晒干或烘干，肉就成红褐色，完全失去洁白的面貌。

荔枝不耐贮藏，正如白居易说的：“一日而色变，二日而香变，三日而味变，四五日外，色香味尽去矣。”现经研究证实，温度保持在1℃到5℃，可贮藏三十天左右。还应进一步设法延长贮藏期，以利于长途运输，因为荔枝不耐贮藏，古代宫廷想吃荔枝，就要派人兼程飞骑从南方远送长安或洛阳，给人民造成许多痛苦。唐明皇为了宠幸杨贵妃，就干过这样的事，唐代杜牧诗云：“长安回望绣成堆，山顶千门次第开。一骑红尘妃子笑，无人知是荔枝来。”就是对这件事的嘲讽。

荔枝的核就是种子，长圆形，表面光滑，棕褐色，少数品种为绿色。优良的荔枝，种子发育不全，形状很小，有似丁香，也叫焦核。现在海南岛有无核荔枝，核就更加退化了。

荔枝花期是二月初到四月初，早晚随品种而不同。广东有双季荔枝，一年开花两次。又有四季荔枝，一年开花四次之多。花形小，绿白色或淡黄色，不耀眼。花分雌雄，仅极少数品种有完全花。雌雄花往往不同时开放，宜选择适当的品种混栽在一起，以增加授粉的机会。一个荔枝花序，生花可有一二千朵，但结实总在一百以下，所以有“荔枝十花一子”的谚语。荔枝花多，花期又长，是一种重要的蜜源植物。

荔枝原产于我国，是我国的特产。海南岛和廉江有野生的荔枝林，可为我国是原产地的明证。据记载，南越王尉佗曾向汉高祖进贡荔枝，足见当时广东已有荔枝。它的栽培历史，就从那个时候算起，也已在二千年以上了……

荔枝是亚热带果树，性喜温暖，成都、福州是它生长的北限。汉武帝曾筑扶荔宫，把荔枝移植到长安，没有栽活，迁怒于养护的人，竟然对他们施以极刑。宋徽宗时，福建“以小株结实者置瓦器中，航海至阙下，移植宣和殿”。徽宗写诗吹嘘说：“密移造化出闽山，禁御新栽荔枝丹。”实际上不过当年成熟一次而已。明代文征明有《新荔篇》诗，说常熟顾氏种活了几株，“仙人本是海山姿，从此江乡亦萌蘖。”但究竟活了多少年，并无下文。现在科学发达，使荔枝北移，将来也许不是完全不可有的事。

我国幅员广阔，不同地区有不同的特产。因地制宜，努力发展本地区的特产，是切合实际的做法。盛产荔枝的地区，应该大力发展荔枝的生产。苏轼有诗云：“罗浮山下四时春，卢橘杨梅次第新。日啖荔枝三百颗，不辞长作岭南人。”但日啖三百颗，究竟能有几人呢？

积累

将下列诗句补充完整。

(1)长安回望绣成堆，______________。______________，无人知是荔枝来。

(2)罗浮山下四时春，卢橘杨梅次第新。____________，____________。

思考

1. 这篇文章运用了哪些说明方法来说明荔枝的知识，其作用分别是什么？

____

____

____

____

2. 这篇文章是按照什么顺序进行说明的？

____

____

____

____

6. 荔枝谱·第三

蔡 襄

蔡襄（1012—1067），字君谟，今莆田仙游人，北宋著名书法家、文学家、茶学家。其为官正直，所到之处皆有政绩。在福州时，去民间蛊害；在泉州时，主持建造万安桥（洛阳桥）；在建州时，主持制作北苑贡茶“小龙团”等。所著《茶录》总结了古代制茶、品茶的经验，而《荔枝谱》则被称为“世界上第一部果树分类学著作”。其诗文清妙，书法浑厚端庄，淳淡婉美，自成一体，为“宋四家”之一。

《荔枝谱》是我国现存最早的果木专著，可谓一部关于荔枝的“小百科全书”。在书中，蔡襄从人文角度论述了荔枝的食用历史、故事、销售等，从生物学角度描述了荔枝的产地、特性、品种等，从农业角度记录了荔枝的种植、养护等，从技术角度介绍了荔枝的加工、贮藏等。全书共七篇，其中第三篇描述福州产荔枝之盛况及远销之情形。蔡襄的《荔枝谱》是自古以来最详细记述荔枝的专著，是研究荔枝种植史的重要参考资料。

福州种殖[①]最多。延貤[②]原野，洪塘、水西尤其盛处，一家之有，至于万株。

---

① 种殖：种植。

② 延貤（yí）：绵延伸展。貤，古通“迤”。

城中越山，当州署之北，郁为林麓。暑雨初霁[①]，晚日照曜[②]，绛囊翠叶，鲜明蔽映，数里之间焜[③]如星火，非名画之可得而精思之可述。观揽之胜，无与为比。初著[④]花时，商人计林断之以立券，若后丰寡，商人知之，不计美恶悉为红盐[⑤]者。水浮陆转，以入京师。外至北漠、西夏，其东南舟行新罗、日本、流求、大食之属，莫不爱好，重利以酬[⑥]之。故商人贩益广，而乡人种益多，一岁之出不知几千万亿。而乡人得饫[⑦]食者，盖鲜以其断林鬻[⑧]之也。品目至众，唯江家绿为州之第一。

积累

请尝试翻译描写荔枝之盛的句子：“暑雨初霁，晚日照曜，绛囊翠叶，鲜明蔽映，数里之间焜如星火，非名画之可得而精思之可述。”

____

____

____

____

① 霁（jì）：雨后或雪后转晴。
② 曜（yào）：照耀。
③ 焜（kūn）：明亮。
④ 著：通“着”，附着。
⑤ 红盐（yàn）：红盐法是储存荔枝的方法之一。据《荔枝谱》记载，民间以盐梅浸泡佛桑花，做成红浆，再把荔枝浸泡其中，晒干后荔枝色红而味甘酸，可保存三四年，不遭虫蛀。
⑥ 酬：这里是买的意思。
⑦ 饫（yù）：饱。
⑧ 鬻（yù）：卖。

思考

文章是怎样描写福州荔枝受欢迎的程度的？

拓展

蔡襄最为后人感念的功勋之一就是主持建造了洛阳桥。桥建成后，蔡襄不仅亲自撰写碑文《万安桥记》，还挥毫题写。他手书的《万安桥记》碑刻文辞简洁优美，全文仅用153字就把造桥的事实交代得一清二楚。阅读《万安桥记》，感受蔡襄的文采。

泉州万安渡石桥①，始造于皇祐五年②四月庚寅，以嘉祐四年③十二月辛未讫功。垒址于渊，酾水④为四十七道，梁空以行。其长三千六百尺，广⑤丈有五尺，翼⑥以扶栏，如其长之数而两之。靡⑦金钱一千四百万，求诸施者。渡实支海，去舟而徒，易危而安，民莫不利。

职其事卢锡、王实、许忠、浮图义波、宗善等十有五人。既成，太守莆阳蔡襄为之合乐宴饮而落之。

明年秋，蒙召返京，道由是出，因纪所作，勒⑧于岸左。

---

① 万安渡石桥：即洛阳桥，位于泉州洛阳江入海口，是我国第一座海港梁式大石桥。
② 皇祐五年：公元1053年。
③ 嘉祐四年：公元1059年。
④ 酾（shī）水：排水孔。
⑤ 广：宽。
⑥ 翼：两侧。
⑦ 靡：消耗。
⑧ 勒：刻。

7. 口　技

林嗣环

林嗣环（1607—约1662），字铁崖，号起八，今泉州安溪人。他幼小时家境清贫，长大后心高志远。博学善文，著有《铁崖文集》《海渔编》《岭南纪略》《荔枝话》《口技》等。

《口技》是一篇清朝初年的散文，表现了一位口技艺人的高超技艺。文章以时间先后为序，记叙了一场精彩的口技表演。表演者用各种不同的声响，异常逼真地模拟出一组有节奏、有连续性的生活场景，令人深切感受到口技这一传统民间艺术的魅力。全文紧扣“善”字，形象而逼真地进行正面描写，由简单到复杂、由弛缓至紧张的三个场景，再侧面描写听众的神态、动作，其间插入作者的简要赞语。这种正面描写与侧面描写相结合的写法，是《口技》在艺术表现上的一个显著特点。

京中有善口技者。会[1]宾客大宴，于厅事之东北角，施八尺屏障，口技人坐

① 会：适逢，正赶上。

屏障中，一桌、一椅、一扇、一抚尺[①]而已。众宾团坐。少顷[②]，但[③]闻屏障中抚尺一下，满座寂然，无敢哗者。

遥闻深巷中犬吠，便有妇人惊觉欠伸[④]，其夫呓语[⑤]。既而儿醒，大啼。夫亦醒。妇抚儿乳，儿含乳啼，妇拍而呜之。又一大儿醒，絮絮不止。当是时，妇手拍儿声，口中呜声，儿含乳啼声，大儿初醒声，夫叱[⑥]大儿声，一时齐发，众妙毕备[⑦]。满座宾客无不伸颈，侧目，微笑，默叹，以为妙绝。

未几，夫齁[⑧]声起，妇拍儿亦渐拍渐止。微闻有鼠作作索索，盆器倾侧，妇梦中咳嗽。宾客意少[⑨]舒，稍稍正坐。

忽一人大呼"火起"，夫起大呼，妇亦起大呼。两儿齐哭。俄而百千人大呼，百千儿哭，百千犬吠。中间[⑩]力拉崩倒之声，火爆声，呼呼风声，百千齐作；又夹百千求救声，曳[⑪]屋许许声[⑫]，抢夺声，泼水声。凡所应有，无所不有。虽人有百手，手有百指，不能指其一端；人有百口，口有百舌，不能名[⑬]其一处也。于是宾客无不变色离席，奋袖出臂，两股战战[⑭]，几[⑮]欲先走。

忽然抚尺一下，群响毕绝。撤屏视之，一人、一桌、一椅、一扇、一抚尺而已。

---

① 抚尺：口技表演者或说书人用的道具，也叫"醒木"。
② 少顷：一会儿，片刻。
③ 但：只。
④ 欠伸：打哈欠，伸懒腰。
⑤ 呓（yì）语：说梦话。
⑥ 叱（chì）：呵斥。
⑦ 备：具备，具有。
⑧ 齁（hōu）声：打呼噜的声音。
⑨ 少（shǎo）：同"稍"，稍微。
⑩ 间（jiàn）：夹杂。
⑪ 曳（yè）：拉。
⑫ 许许（hǔ hǔ）声：拟声词，（众人）一齐用力的呼喊声。
⑬ 名：作动词用，说出。
⑭ 战战：发抖的样子。
⑮ 几（jī）：将近，差一点。

积累

用现代汉语翻译下列句子。

（1）但闻屏障中抚尺一下，满座寂然，无敢哗者。

（2）于是宾客无不变色离席，奋袖出臂，两股战战，几欲先走。

思考

1. 找出文中描写听众反应的语句，说说这些句子起了什么作用。

2. 文中前后两次清楚地交代口技人使用的极简单的道具，这对文章结构和表现艺人的演技有什么作用？

第六单元

民族脊梁

闽地多热血男儿。对家国的热爱，驱动一代代闽人抛头颅、洒热血，以生命和智慧铸就民族脊梁。

这一单元选取了毛泽东转战闽西南时留下的红色诗词，让同学们领略革命家的风采；民族英雄郑成功的诗词充满豪情壮志和报国情怀；宋代名相李纲的《病牛》流露了无私的奉献精神；清代中兴名臣林则徐的家书体现了高洁的道德情操；林树梅纪念陈化成将军殉国事迹的文章，令人感慨万千；林觉民的《与妻书》更是字字泣血、感人至深；莫耶的《延安颂》充满革命者的豪迈气概。

这组文章旨在引导大家领略历代先贤英烈的胸襟和气魄，感受他们炽热的爱国之情和拳拳的报国之心。

1. 如梦令[①]·元旦[②]

毛泽东

毛泽东（1893—1976），字润之，湖南湘潭人，政治家、军事家和思想家，中国共产党、中国人民解放军和中华人民共和国的主要缔造者和领导人，现代世界历史中最重要的人物之一。他的诗歌意境博大，气势磅礴。

这是革命领袖毛泽东率部转战闽西时写的一首词。读这首词时，要反复诵读，在平白简短的词句中领会红军的行军之难，感受革命者的气概，并思考词中连用三个地名有何用意，紧接着的三个意象的组合有什么意蕴，白描和设问手法的运用及浪漫的想象对表现词的意旨有什么作用。

① 如梦令：词牌名。这是一首小令。

② 元旦：这里指农历正月初一，即1930年1月30日。1929年毛泽东和朱德率领红四军在福建建立闽西革命根据地，并于同年12月在上杭县古田村召开了在红军发展史上有重大意义的中共红四军第九次代表大会，即“古田会议”。此时蒋介石组织反动武装对闽西革命根据地进行“会剿”。红四军被迫向敌后转移，挺进江西。毛泽东率领红四军第二纵队掩护主力转移后，经福建连城、归化（今明溪）、清流、宁化等县，越过武夷山，到江西与主力部队会合。这首词就写于这次行军途中。

宁化、清流、归化[1]，路隘[2]林深苔滑。今日向何方，直指武夷山下。山下山下，风展红旗如画[3]。

积累

词中使用了“路隘”“林深”“苔滑”三个并列的意象，意蕴独特。在学过的诗词中，有哪些诗句也有这种特点？

思考

毛泽东的诗词往往语言凝练平白，想象丰富，境界高远，气势豪迈。请简析这些特点在这首小令中的体现。

① 宁化、清流、归化：三明市的三个县。其中，归化今名为“明溪”。
② 路隘（ài）：道路险要、狭窄。
③ 风展红旗如画：这是作者想象红军抵达武夷山下时的情景。

拓展

下面是毛泽东在闽西革命根据地写的两首词。观看革命影片，了解这两首词的写作背景，并熟读这两首词及相关诗词，举行“红色经典诗文”诵读比赛。

清平乐·蒋桂战争

毛泽东

风云突变，军阀重开战。洒向人间都是怨，一枕黄粱再现。
红旗跃过汀江，直下龙岩上杭。收拾金瓯一片，分田分地真忙。

采桑子·重阳

毛泽东

人生易老天难老，岁岁重阳。今又重阳，战地黄花分外香。
一年一度秋风劲，不似春光。胜似春光，寥廓江天万里霜。

2. 复　台

郑成功

郑成功（1624—1662），本名森，又名福松，字明俨、大木，今泉州南安人，明末清初军事家、抗清名将、民族英雄。明亡后，郑成功据守厦门、金门等地，坚持抗清，并将厦门改名为“思明州”。南明皇帝赐郑成功国姓“朱”，世称“国姓爷”。1661 年，郑成功率军横渡台湾海峡，翌年击败荷兰驻军，收复宝岛台湾。郑成功是一代儒将，不但善于领兵作战，而且工于诗词，有《延平王集》行世。其诗多表现反清复明、驱除外侵、收复国土的坚定信心和英雄气概。

郑成功，生于末世，志在复国，历尽艰辛。其英雄事迹可歌可泣。在这首诗中，作者以诗言志，回顾收复台湾的艰辛历程，表达矢志不渝、克服困难、励精图治的志向，并用田横杀身成仁的典故，誓与部下同生共死。请反复诵读，透过文字领会作者的心志。

开辟荆榛逐荷夷[①]，
十年始克复先基。
田横尚有三千客[②]，
茹苦间关[③]不忍离。

积累

《复台》这首诗引用了田横杀身成仁的典故。古诗词常用典，请写出下列诗词中用典的诗句。

（1）陆游《书愤》中，“____________，镜中衰鬓已先斑”用的是檀道济自比长城的典故，“____________，千载谁堪伯仲间”用的是诸葛亮鞠躬尽瘁的典故。这两个典故抒写了诗人对岁月蹉跎、壮志难酬的感慨，同时也表达了要干一番伟业的理想。

（2）李清照《夏日绝句》中借项羽宁死不降的气节讽刺宋朝廷苟且偷安的诗句是“____________，____________”。

（3）杜牧《泊秦淮》中，借亡国之音讽刺朝廷不顾国运衰微、醉心于歌舞的诗句是“____________，____________”。

（4）苏轼《江城子·密州出猎》中，用冯唐持节到云中去赦免魏尚的典故抒发渴望报效朝廷之壮志豪情的诗句是“____________，____________？”。

（5）文天祥《金陵驿·其一》中，“____________，____________”一句化用望帝死后化为杜鹃的典故，表达诗人虽被捕北上，但一片忠魂终归南土的心愿。

---

① 荆榛：丛生的荆棘；荷夷：荷兰侵略者。

② 田横：原为齐国贵族，后反秦自立，汉灭楚后，田横不肯称臣于汉，率部下五百余人逃亡海岛，汉高祖招降，田横以此为耻，自杀身亡，其部下闻讯，也全体自杀。作者自比田横，表示将和同他一道入台的部下同患难、共生死。

③ 间关：道路险阻难行。

拓展

读爱国诗文，感报国情怀。熟读下面五首诗词，并利用课余时间诵读历代爱国诗词，举行爱国诗抄书法比赛。

满江红

郑成功

气止惊涛，波澜处，白袍身觅。遥海望，北风狂啸，浪流还击。五十万顷国土裂，七千里路人声寂。仰天叹，三百载轮回，骄阳熄。

祭沧海，行舟疾。假潮水，山河辟。渡我明师，踏浪驱荷夷。血染沧海何畏首，复我华夏犹不弃。期夙愿，秣马厉寒兵，江山易。

贺新郎·寄李伯纪丞相[1]

张元干

曳杖危楼去。斗垂天、沧波万顷，月流烟渚。扫尽浮云风不定，未放扁舟夜渡。宿雁落、寒芦深处。怅望关河空吊影，正人间、鼻息鸣鼍鼓。谁伴我，醉中舞。

十年一梦扬州路。倚高寒、愁生故国，气吞骄虏。要斩楼兰三尺剑，遗恨琵琶旧语。谩暗涩铜华尘土。唤取谪仙平章看，过苕溪、尚许垂纶否。风浩荡，欲飞举。

---

① 金兵围汴、秦桧当国时，爱国诗人张元干入李纲麾下，坚决抗金，力谏死守，并赋此诗赠李纲。

满酋使来，有不登岸、不易服之说，愤而赋之。

郑经[①]

王气中原尽，

衣冠海外留。

雄图终未已，

日日整戈矛。

往　事

丘逢甲[②]

往事何堪说？征衫血泪斑。

龙归天外雨，鳌没海中山。

银烛鏖诗罢，牙旗校猎还。

不知成异域，夜夜梦台湾。

① 郑经（1643—1681），福建南安人，郑成功之子，政治家、军事家。

② 丘逢甲（1864—1912），晚清爱国诗人、教育家，祖籍广东，生于台湾，中日甲午战争时创办义军抗击日军，后投身于孙中山领导的民主革命。

3. 病　牛

李　纲

李纲（1083—1140），字伯纪，号梁溪先生，福建邵武人，宋代抗金名臣。靖康元年（1126）金兵入侵汴京（今河南开封），李纲率领军民浴血奋战，击退金兵，取得汴京保卫战的胜利。李纲能诗文，擅填词，写下不少爱国篇章。其咏史之作，形象鲜明生动，风格沉雄劲健。著有《梁溪先生文集》《靖康传信录》《梁溪集》等。

咏物诗往往采用比喻、拟人、象征等手法，借物之形象，寄诗人之心志。在这首托物言志的七言绝句中，病牛是一种什么样的形象？作者与病牛有何相似之处？作者要借此抒发什么志向？诵读时应联系作者平生际遇和人生理想，细加揣摩，感受作者高洁的心志、无私的济世爱国情怀，品味诗的艺术韵味。

耕犁千亩实千箱，
力尽筋疲谁复伤①？
但得众生皆得饱，
不辞羸病②卧残阳。

---

① 伤：哀怜，同情。 ② 羸（léi）病：瘦弱有病。

积累

托物言志是咏物诗常用的手法。你还记得哪些托物言志的诗词？请默写下来。

思考

“但得众生皆得饱，不辞羸病卧残阳”一语双关，请简析这两句诗的含意。

拓展

下面是三首咏牛的诗词。你最喜欢哪一首？为什么？

代牛言

刘　叉

渴饮颍水流，
饿喘吴门月。
黄金如可种，
我力终不竭。

禾　熟

孔平仲

百里西风禾黍香，
鸣泉落窦谷登场。
老牛粗了耕耘债，
啮草坡头卧斜阳。

和圣俞农具诗十五首（其三）
耕　牛

王安石

朝耕草茫茫，暮耕水潏潏。
朝耕及露下，暮耕连月出。
自无一毛利，主有千箱实。
睆彼天上星，空名岂余匹。

4. 训次儿聪彝[①]

林则徐

林则徐（1785—1850），字元抚，又字少穆、石麟，今福建福州人，清代政治家、文学家、思想家，曾任湖广总督等职，是我国近代史上伟大的爱国者和杰出的民族英雄。1839年，林则徐被任命为钦差大臣，赴广东禁烟，强令外国商人交出鸦片，在虎门销毁。虎门销烟是我国近代史上反帝斗争中的光辉壮举。林则徐尽管一生力抗西方入侵，但对西方文化、科技和贸易则持开放态度，主张学其优而用之，是中国近代“睁眼看世界”的第一批有识之士之一。

作为封疆大吏、一代名臣，林则徐一生爱国爱民，严于律己，勇于担当，在教育子女上也有独到的理念。学习本文，联系作者生平的言行和作为，透过殷切的言语了解作者的思想品格。本文语言简练朴素，宜多诵读，用心体会作者的谆谆教诲。

字谕聪彝儿：

尔兄在京供职，余又远戍塞外。惟尔奉母与弟妹居家，责任甚重，所当谨守者有五：一须勤读敬师，二须孝顺奉母，三须友于爱弟，四须和睦亲戚，五须爱惜光阴。尔今年已十九矣，余年十三补弟子员[②]，二十举于乡[③]；尔兄十六

---

① 聪彝：林则徐的二儿子。

② 补弟子员：举荐为学生员。弟子员为明、清对县学生员的称谓，又称廪生。

③ 举于乡：考中举人。乡，即明、清科举考试中的乡试。

岁入泮[①]，二十二岁登贤书[②]。尔今犹是青衿一领[③]。本则三子中惟尔资质最钝，余固不望尔成名，但望尔成一拘谨笃实子弟。尔若堪弃文学稼，是余所最欣喜者。

盖农居四民之首，为世间第一等高贵之人。所以余在江苏时，即嘱尔母购置北郭隙地，建筑别墅，并收买四围粮田四十亩，自行雇工耕种，即为尔与拱儿[④]预为学稼之谋。尔今已为秀才矣，就此抛撇诗文，常居别墅，随工人以学习耕作，黎明即起，终日勤动而不知倦，便是田园之好弟子。

至于拱儿，年仅十三，犹是白丁，尚非学稼之年，宜督其勤恳用功。姚师乃侯官[⑤]名师，及门弟子领乡荐[⑥]、捷礼闱[⑦]者，不胜缕指计[⑧]。其所改拱儿之窗课[⑨]，能将不通语句改易数字，便成警句。如此圣手，莫说侯官士林中都推重为名师，只恐遍中国亦罕有第二人也。拱儿既得此名师，若不发奋攻苦，太不长进也。前日寄来窗课五篇，文理尚通，惟笔下太嫌枯涩，此乃欠缺看书功夫之故。尔宜督其爱惜光阴，除诵读作文外，余暇须披阅史籍。惟每看一种，须自首至末详细阅完，然后再易他种。最忌东拉西扯，阅过即忘，无补实用。并须预备看书日记册，遇有心得，随手摘录。苟有费解或疑问，亦须摘出，请姚师讲解，则获益多矣。

---

① 入泮（pàn）：入学，成为生员。周朝时学官前有半圆形的池，名泮水，故学官也称泮官，明、清时孩童入学称为“入泮”或“游泮”。

② 登贤书：明清时期指在乡试中中举。

③ 青衿一领：明、清时秀才的别称。“青衿”是周代学子的服装，出自《诗经·郑风·子衿》：“青青子衿，悠悠我心。”

④ 拱儿：林则徐三儿子林拱枢。

⑤ 侯官：县名，今福建省福州市区和闽侯县的一部分。

⑥ 领乡荐：在乡试中考中，成为举人。

⑦ 捷礼闱：通过了礼部会试，成为贡士。

⑧ 不胜缕指计：不可胜数。

⑨ 窗课：旧称私塾中学生习作的诗文。

积累

文中有许多与古代科举考试相关的专有名词。请查阅相关资料，解释下列加点的词。

（1）余年十三补弟子员，二十举于乡；尔兄十六岁入泮，二十二岁登贤书。尔今犹是青衿一领。

（2）及门弟子领乡荐、捷礼闱者，不胜缕指计。

思考

本文哪几句话你最欣赏？为什么？

福建优秀传统文化 名家名篇赏析

拓展

1.林则徐生平爱好诗词、书法，著有众多诗文作品。请反复诵读下面这首诗，感受林则徐的家国情怀。

赴戍登程口占示家人（其二）

林则徐

力微任重久神疲，再竭衰庸定不支。
苟利国家生死以，岂因祸福避趋之。
谪居正是君恩厚，养拙刚于戍卒宜。
戏与山妻谈故事，试吟断送老头皮。

2.家风家训是中国传统文化的重要组成部分，对个人、家庭乃至整个社会都有深远的影响。历史上优秀的家训很多，如诸葛亮《诫子篇》、欧阳修《诲学说》、陆游《冬夜读书示子聿》，以及《颜氏家训》《朱子家训》《三字经》《曾国藩家训》等。下面诗文为福建著名的家书家训，请仔细阅读并写下感想。

与长子受之

朱 熹

盖汝好学，在家足可读书作文，讲明义理，不待远离膝下，千里从师。汝既不能如此，即是自不好学，已无可望之理。然今遣汝者，恐汝在家汩于俗务，不得专意。又父子之间，不欲昼夜督责。及无朋友闻见，故令汝一行。汝若到彼，能奋然勇为，力改故习，一味勤谨，则吾犹可望。不然，则徒劳费。只与在家一般，他日归来，又只是伎俩人物，不知汝将何面目，归见父母亲戚乡党故旧耶？

念之！念之！“夙兴夜寐，无忝尔所生！”在此一行，千万努力。

杖后示儿书

黄道周[①]

麑子：知汝今年已十岁，有知识，读古人书，当晓其道理。如人之邪正，事之可否，皆须问先生，略知大意。至于事亲当孝，事君当忠，事长当顺，处友当信，接人待物当诚敬有礼，此不待问而知也。麖子、麐子尚少，当步步友爱教之。先生必尊敬事之，不可一毫疏慢，言动起居皆须以礼，不可一刻造次。闻小儿辈谈俚语鄙事，则正色待之。见尊长，则肃然起立；遇官人下顾，着青袍面之，皆须一跪。时时念汝父艰危受苦也，北山洒扫以时节；往见大伯，必呈所读经书，不可一毫超越。驭家僮仆子，不可出声骂詈，伊亦人子，欲有体面，其理一也。吾身已听之君，不必烦苦。汝唯读书，以圣贤为师，吾愿足矣。明春看吾得归，汝不可失业也。麑子知。

① 黄道周（1585—1646），福建漳浦人，明末学者、书画家、文学家、抗清英雄。

5. 江南提督忠愍陈公传①

林树梅

林树梅（1808—1851），原名光前，字实夫，自称瘦云，号啸云山人，福建金门人，清代爱国诗人。他学识渊博，诗、文、画俱工，著有《啸云文抄》《啸云诗抄》等。其文“立意严洁，切于时务”，其诗“苍郁洋翰，一本性情”。林树梅非常关注闽台海防，其诗文是研究清道光年间闽台海防及社会历史的重要文献。

陈化成英勇抗击侵略者、壮烈牺牲的事迹感天动地，但本文叙述却平静如常。作者不刻意雕琢渲染，而是“直书”其事，却又在冷静的叙述中暗藏褒贬倾向。学习本文，应在理解文意的基础上概括传主的事迹，分析其精神品格，从中感受作者的感情倾向，体会文中对比手法和正面描写、侧面描写相结合的妙处，并积累文言知识。

① 选自《啸云文抄初编》。忠愍（mǐn）陈公：陈化成（1776—1842），福建同安人，曾任台湾总兵、福建水师提督、江南提督等，鸦片战争中抗英名将，1842年6月在吴淞之战中英勇捐躯，谥“忠愍”。

公讳化成，号莲峰，福建同安人。由行伍从李忠毅公[①]剿蔡牵[②]，积功官本省水师提督。道光庚子，英夷构乱，调江南。

江南官兵积弛，公莅官甫六日，闻舟山失守，亟驰吴淞，度形势要害，身自守之。坐卧一帐中，与士卒同甘苦，即大风雨，弗他徙，兵皆感附。故事，军行别给薪水，银以官秩为差，公独勿领，曰："吾自有常俸在，食国禄，任国事，焉用银为？"然亦不禁他人领也。公虽奉己俭约，而赏兵必优。故俗有"陈公但饮吴淞水"[③]之谣。

既而镇海失守，督臣裕公谦[④]殉节，提督以下俱逃，公愤特甚。先是夷破厦门，公闻叹曰："毁家，安足忧身？为大将未能为国剿贼，是吾恨耳。"上海火药局灾，遥见黑云亘天，大声振海水。公曰："此必奸民纵火，亟令巡视。"吴淞火药局，则已墙外伏火具矣。已，乍浦[⑤]亦失。日夜励军士以大义，军民胥[⑥]安。会夷由汇头测水入[⑦]，先后二十六艘联樯[⑧]压境，炮声动地，烟火冲天，民始迁避，然恃有公在，未甚恐。公已严整枪炮，裹粮以俟。总督来问军情，则亟慰曰："身在烟火中数十载，今此布置度当必胜。大人但静镇之。"欲以壮其胆也。然公实虑偏裨[⑨]无足倚，而参将周世荣固尝抚之有恩者，战前一夕，语之云："诘朝[⑩]战胜，我两人必受上赏。脱不幸，均不朽矣。勉之！"公盖欲周助己，故以死自矢而坚其志，周顾懵不悟也。

---

① 李忠毅公：李长庚（1751—1808），福建同安人，清代统领闽浙水师的将领，在追捕海盗蔡牵时身先士卒，中炮身亡，谥"忠毅"。

② 蔡牵：福建同安人，反清义士，因饥荒入海为盗。

③ "陈公但饮吴淞水"：陈化成驻守上海吴淞口时，当地流传着这样的民谣："官兵都吸民膏髓，陈公但饮吴淞水。"

④ 裕公谦：裕谦（1793—1841），原名裕泰，钦差大臣兼两江总督，鸦片战争时因守卫定海殉国，谥"靖节"。

⑤ 乍浦：浙江嘉兴平湖市乍浦镇，杭州湾北岸重要港口。

⑥ 胥：全，都。

⑦ 夷由汇头测水入：英军闯入吴淞口测量水道，准备在内河登陆，包抄由陈化成坚守的西炮台。

⑧ 樯（qiáng）：帆船上挂风帆的桅杆，引申为帆船或帆。

⑨ 偏裨：偏将，副将。

⑩ 诘朝（jié zhāo）：明日。

阵既合，公手红旗，挥令轰炮。烟焰震百里，伤火轮船二，大船五，歼夷数百，几欲退去。公顾视铅丸皆碎，炮架多裂，心恨之，战愈奋。而总督带兵出城，贼望见，架炮于樯遥击，总督遽[①]退，众官尾之。贼觇[②]我师溃，愈急攻。守城将相继走，且有未及接仗，钉炮[③]先逃，自焚其舟，伪战而遁者。于是，两岸骚然。贼旋登岸，周世荣请公退，公剑叱之曰："吾误识汝！"周乃自逸。公仍驰塘督战，亲发数十炮。复令抬枪、鸟枪亟击岸夷。铅弹着身，血淋漓，颠复起。无何，客兵尽遁。公亦伤重，呕血，遂北面再拜而薨[④]。年六十七，时壬寅五月八日也。武进士刘国标忍创负公尸藏丛芦中，弁[⑤]卒见公死，皆痛哭。奔民始大惊溃。贼酋乃登镇海楼酣饮，作华语曰："此战倘有两陈公，吾乌能入此城哉？"公薨后十日，殓之，面如生，身抉[⑥]铅弹四五枚，有深入胸腹中者，不能出。

督臣奏闻，上震悼，为之坠泪……今江南人言公死事，无不流涕称感者。盖尝恃公如长城，其遗爱系着人心愈久，而愈不能去也。

---

① 遽（jù）：惊慌。
② 觇（chān）：窥视，暗中察看。
③ 钉炮：用锤子砸坏火炮。
④ 薨（hōng）：诸侯或大官等死亡。
⑤ 弁（biàn）：旧时称低级武官。
⑥ 抉：剔出，剜出。

积累

归类梳理是学习文言文的一种好方法。请按下列要求归类。

（1）从文中找出名词活用作动词的字词。

____

（2）从文中找出表示否定和表示反问的字词。

____

（3）从文中找出表示“逃跑”的字词。

____

思考

下面描述与原文不相符的一项是（　　）。

A. 陈化成与士兵同甘共苦，身先士卒，廉洁奉公，赢得士兵和民众的爱戴。

B. 陈化成积极备战，临战千方百计激励将士，给总督壮胆，使副将坚定斗志。

C. 陈化成亲上战场指挥督战，亲自发炮击敌，重伤坚持作战，最终壮烈牺牲。

D. 总督、副将等人的行为，英军感叹，皇帝、民众涕泪，都从侧面表现了陈化成的英勇。

拓展

清末水师中福建籍将士为国捐躯者无数，可查阅相关史料或观看《鸦片战争》《甲午风云》《北洋水师》《马江之战》等影视作品加以了解。下面是北洋水师右翼总兵刘步蟾的传记，请仔细阅读并复述其事迹。

刘步蟾，侯官人。幼颖异，肄业福建船政学堂，卒业试第一。隶建威船，徼循南北洋资实练。同治十一年，会考闽、广驾驶生，复冠其曹。自是巡历海岸河港，所莅辄用西法测量。台湾地势、番部风土尤谙习，为图说甚晰。光绪改元，赴欧学枪砲、水雷诸技，还留福建，叙守备。以丁宝桢、李鸿章论荐，擢游击，会办北洋操防。十一年，赴德国购定远舰。维时海军初立，借才异地，西人实为管带，步蟾副之。已而西人去，颇能举其职。十四年，以参将赴欧领四快船归，迁副将，赐号强勇巴图鲁，擢右翼总兵。

二十年，中日战起，海军浮泊大东沟。日舰至，督摄诸艺士御之，鏖战三时许，沉敌舰三艘，运送铭军八营，得以乘间登岸。论功，晋记名提督，易其勇号曰格洪额。明年，战威海，中弹死。步蟾通西学，海军规制多出其手。顾喜引用乡人，视统帅丁汝昌蔑如也，时论责其不能和衷，致偾事。然华人明海战术，步蟾为最先，虽败挫，杀敌甚众。上嘉其忠烈，诏优恤。

其左翼总兵林泰曾，亦籍侯官，同为船政学堂卒业生。管镇远，战大东沟，发砲敏捷，士卒用命，扑救火弹甚力，机营砲位无少损，赐号霍春助巴图鲁。驶还威海，舰触礁受伤，愤恨蹈海死。副将左翼中营游击杨用霖、广东大鹏协右营守备黄祖莲并殉焉。优恤各如制。祖莲等，忠义有传。

——节选自赵尔巽《清史稿·列传二百四十七》

6. 与妻书

林觉民

林觉民(1887—1911),字意洞,福建福州人,中国近代民主先驱、革命烈士。他少年时就接受民主革命思想,推崇自由平等学说;留学日本期间,加入中国同盟会。1911年春,林觉民回国,4月24日写下绝笔信《与妻书》,后随黄兴等革命党人参加广州起义,转战途中受伤被俘,从容就义,为“黄花岗七十二烈士”之一。

本文为作者就义前写给妻子的诀别信。这封信享有“20世纪最伟大情书”的美称,读之令人肃敬而落泪。其所以感人,在于情真意切的肺腑之言中充满浩然正气。作者在难舍的至亲至情与国家民族大爱之间,毅然舍情取义,选择为国捐躯,超越了“生命诚可贵,爱情价更高,若为自由故,二者皆可抛”的境界。全文字字泣血,句句明志,谱写了一曲撼人魂魄、令人感奋的正气歌,缱绻缠绵而又慷慨决绝,令草木为之含悲,鸟兽为之动容。读本文时要设身处地感受作者挺身赴死时对亲人难以割舍的情感,体会作者以身许国、视死如归的英雄气概。

意映卿卿[①]如晤：

吾今以此书与汝永别矣！吾作此书时，尚为世中一人；汝看此书时，吾已成为阴间一鬼。吾作此书，泪珠和笔墨齐下，不能竟书[②]而欲搁笔。又恐汝不察吾衷，谓吾忍舍汝而死，谓吾不知汝之不欲吾死也，故遂忍悲为汝言之。

吾至爱汝！即此爱汝一念，使吾勇于就死也！吾自遇汝以来，常愿天下有情人都成眷属，然遍地腥云，满街狼犬，称心快意，几家能彀[③]？司马青衫[④]，吾不能学太上之忘情[⑤]也。语云，仁者“老吾老以及人之老，幼吾幼以及人之幼”。吾充吾爱汝之心，助天下人爱其所爱，所以敢先汝而死，不顾汝也。汝体吾此心，于啼泣之余，亦以天下人为念，当亦乐牺牲吾身与汝身之福利，为天下人谋永福也。汝其勿悲！

汝忆否？四五年前某夕，吾尝语曰：“与使吾先死也，无宁汝先吾而死。”汝初闻言而怒，后经吾婉解，虽不谓吾言为是，而亦无词相答。吾之意盖谓以汝之弱，必不能禁失吾之悲，吾先死，留苦与汝，吾心不忍，故宁请汝先死，吾担悲也。嗟夫，谁知吾卒先汝而死乎！

吾真真不能忘汝也！回忆后街之屋，入门穿廊，过前后厅，又三四折，有小厅，厅旁一室，为吾与汝双栖之所。初婚三四个月，适冬之望日前后，窗外疏梅筛月影，依稀掩映，吾与汝并肩携手，低低切切，何事不语？何情不诉？及今思之，空余泪痕！又回忆六七年前，吾之逃家复归也，汝泣告我：“望今后有远行，必以告妾，妾愿随君行。”吾亦即许汝矣。前十余日回家，即欲乘便以此行之事语汝，及与汝相对，又不能启口；且以汝之有身[⑥]也，更恐不胜悲，故惟日日呼酒买醉。嗟夫！当时余心之悲，盖不能以寸管[⑦]形容之。

---

① 卿卿：古时夫妻间的爱称，多用于夫对妻的称呼。
② 竟书：写完。
③ 彀（gòu）：通“够”。
④ 司马青衫：出自白居易《琵琶行》。这里表达自己深切同情人民疾苦的心情。
⑤ 太上之忘情：修养最高的人，忘了喜怒哀乐之情。
⑥ 有身：有孕在身。
⑦ 寸管：指代笔墨。

吾诚愿与汝相守以死。第[①]以今日事势观之，天灾可以死，盗贼可以死，瓜分之日可以死，奸官污吏虐民可以死，吾辈处今日之中国，国中无地无时不可以死！到那时使吾眼睁睁看汝死，或使汝眼睁睁看我死，吾能之乎？抑[②]汝能之乎？即可不死，而离散不相见，徒使两地眼成穿而骨化石[③]，试问古来几曾见破镜能重圆？则较死为苦也，将奈之何？今日吾与汝幸双健。天下人之不当死而死，与不愿离而离者，不可数计，钟情如我辈者，能忍之乎？此吾所以敢率性就死不顾汝也！吾今死无余憾，国事成不成，自有同志者在。依新[④]已五岁，转眼成人，汝其善抚之，使之肖[⑤]我。汝腹中之物，吾疑其女也，女必像汝，吾心甚慰；或又是男，则亦教其以父志为志，则吾死后，尚有二意洞在也，幸甚，幸甚！吾家后日当甚贫，贫无所苦，清静过日而已。

吾今与汝无言矣！吾居九泉之下遥闻汝哭声，当哭相和也。吾平日不信有鬼，今则又望其真有。今人又言心电感应有道，吾亦望其言是实，则吾之死，吾灵尚依依旁汝也，汝不必以无侣悲！

吾平生未尝以吾所志语汝，是吾不是处。然语之，又恐汝日日为吾担忧。吾牺牲百死而不辞，而使汝担忧，的的[⑥]非吾所忍。吾爱汝至，所以为汝谋者惟恐未尽。汝幸而偶我[⑦]，又何不幸而生今日之中国！吾幸而得汝，又何不幸而生今日之中国！卒不忍独善其身。嗟夫！巾短情长，所未尽者，尚有万千，汝可摹拟[⑧]得之。吾今不能见汝矣！汝不能舍吾，其时时于梦中寻我乎！一恸！

辛亥三月廿六夜四鼓，意洞手书。

家中诸母[⑨]皆通文，有不解处，望请其指教，当尽吾意为幸。

---

① 第：只是，但是。

② 抑：或是，或者。

③ 眼成穿而骨化石：望穿双眼，白骨化成石头，形容夫妇离别的相思之苦。

④ 依新：林觉民长子，后夭折。

⑤ 肖：像。

⑥ 的的：的的确确。

⑦ 偶我：以我为配偶。

⑧ 摹拟：想象，推测。

⑨ 诸母：指家中伯母、婶母等人。

积累

背诵下面句子，并用现代汉语翻译。

（1）吾至爱汝！即此爱汝一念，使吾勇于就死也！

____

（2）吾充吾爱汝之心，助天下人爱其所爱，所以敢先汝而死，不顾汝也。

____

（3）天下人之不当死而死，与不愿离而离者，不可数计，钟情如我辈者，能忍之乎？此吾所以敢率性就死不顾汝也！

____

（4）汝幸而偶我，又何不幸而生今日之中国！吾幸而得汝，又何不幸而生今日之中国！卒不忍独善其身。

____

思考

林觉民是个什么样的人？请依据本文简要分析。

____

____

____

____

拓展

1.阅读孙中山对黄花岗烈士和林森对林觉民《与妻书》的评价。

吾党菁华，付之一炬，其损失可谓大矣。然是役也，碧血横飞，浩气四塞，草木为之含悲，风云因而变色，全国久蛰之人心，乃大兴奋。怨愤所积，如怒涛排壑，不可遏抑，不半载而武昌之大革命以成。则斯役之价值，直可惊天地、泣鬼神，与武昌革命之役并寿。

——节选自孙中山《〈黄花岗烈士事略〉序》

林烈士绝命书两件，慷慨悽怆，至情至性，仁人与孝子相成，儿女与英雄并见。嗟呼！谁无父母兄弟妻子，烈士以爱天下人之故，牺牲其一身与其父母兄弟妻子之爱，融小我于大我，扩小爱为大爱，惟烈士能用爱，亦惟烈士能用情矣……非其见义之明，赴义之勇，与素养之纯，安能临大事从容不迫如是耶?

——节选自林森《林觉民烈士禀父书及致妻诀别书墨迹跋》

2.下面是另一位福建籍黄花岗烈士方声洞就义前写给父亲的诀别信。阅读这封信，并写下感言。利用课余时间阅读秋谨的诗词，观看电影《碧血黄花》和电视剧《辛亥革命》。

禀父书

方声洞

父亲大人膝下，跪禀者：此为儿最后亲笔之禀，此禀果到家者，则儿已不在人世者久矣。儿死不足惜，第此次之事，未曾禀告大人，实为大罪，故临死特将其就死之原因，为大人陈之。窃自满洲入关以来，凌虐我汉人，无所不至。迨于今日，外患逼迫，瓜分之祸，已在目前，满洲政府犹不愿实心改良政治，以图强盛；仅以预备立宪之空名，炫惑内外之观听，必欲断送汉人之土地于外人，然后始大快于其心。是以满政府一日不去，中国一日不免于危亡。故欲保全国土，必自驱满始，此固人人所共知也。儿蓄此志已久，只以时机未至，故隐忍未发。迩者与海内外诸同志共谋起义，以扑满政府，以救祖国。祖国之存亡，在此一举。事败则中国不免于亡，四万万人皆死，不特儿一人；如事成则四万万人皆生，儿虽死亦乐也。只以大人爱儿切，故临死不敢不为禀告。但望大人以国事为心，勿伤儿之死，则幸甚矣。

夫男儿在世，若能建功立业以强祖国，使同胞享幸福，奋斗而死，亦大乐也；且为祖国而死，亦义所应尔也。儿刻已廿有六岁矣，对于家庭本有应尽之责任，只以国家不能保，则身家亦不能保，即为身家计，亦不得不于死中求生也。儿今日竭力驱满，尽国家之责任者，亦即所谓保卫身家也。

他日革命成功，我家之人皆为中华新国民，而子孙万世亦可以长保无虞，则儿虽死亦瞑目于地下矣。惟从此以往，一切家事均不能为大人分忧，甚为抱憾。幸有涛兄及诸孙在，则儿或可稍安于地下也。惟祈大人得信后，切不可过于伤心，以碍福体，则儿罪更大矣。幸谅之。

兹附上致颖媳信一通，俟其到汉时面交。并祈得书时即遣人赴日本接其归国。因彼一人在东，无人照料，种种不妥也。如能早归，以尽子媳之职，或能稍轻儿不孝之罪。临死不尽所言，惟祈大人善保玉体，以慰儿于地下。旭孙将来长成，乞善导其爱国之精神，以为将来报仇也。临书不胜企祷之至。敬请万福钧安，儿声洞赴义前一日，禀于广州。

家中诸大人及诸兄弟、姊妹、诸嫂、诸侄儿女、诸亲戚统此告别。

7. 延安颂

莫 耶

莫耶（1918—1986），原名陈淑媛，泉州安溪人，革命家、作家。1932年，她随父迁居厦门，后赴上海，1937年来到延安。在延安，她看到革命队伍操练时的英姿，心中无比激动，提笔写下此文，朝鲜籍同学郑律成为之谱曲，这便是当时唱遍全国、吸引无数革命青年奔赴延安的歌曲《延安颂》。后来《延安颂》成为各种重要文艺演出的保留曲目，电影《南岛风云》《峥嵘岁月》《椰林曲》《永不消失的电波》《延安颂》等都用这首歌作主题曲或插曲。

歌颂革命圣地延安的作品很多，《延安颂》无疑是其中杰出的代表之一。无数革命青年正是唱着这首歌，冲破艰难险阻，奔向延安投身革命的。为什么这首歌有如此巨大的鼓舞力量？请细细品味，并思考：诗歌表达了人民大众怎样的心声和革命者怎样的气概？作者是如何通过意象、反复、呼告等艺术手法来抒发革命豪情的？

夕阳辉耀着山头的塔影，
月色映照着河边的流萤。
春风吹遍了坦平的原野，
群山结成了坚固的围屏。
啊！延安！

你这庄严雄伟的古城，
到处传遍了抗战的歌声。
啊！延安！
你这庄严雄伟的古城，
热血在你胸中奔腾。
千万颗青年的心，
埋藏着对敌人的仇恨，
在山野田间长长的行列，
结成了坚固的阵线。
看，群众已抬起了头，
看，群众已扬起了手。
无数的人和无数的心，
发出了对敌人的怒吼。
士兵瞄准了枪口，
准备和敌人搏斗。
啊！延安！
你这庄严雄伟的城墙，
筑成坚固的抗战的阵线。
你的名字，将万古流芳，
在历史上灿烂辉煌！

积累

文中三次出现“啊！延安！你这庄严雄伟的古城（城墙）……”，采用呼告的修辞手法，直抒胸臆，感情浓烈。请用呼告这一修辞手法完成下面这一段赞美家乡的话。

家乡的山啊，你峻峭屹立，苍翠如玉，坚定了我的意志。

家乡的＿＿＿＿＿＿＿＿啊，你＿＿＿＿＿＿＿＿＿＿＿＿＿＿。

思考

有人评价《延安颂》“抒情性与战斗性完美结合”“富于战斗性和鼓动力”。请结合全诗简析这一特点。

＿＿＿＿＿＿＿＿＿＿＿＿＿＿＿＿＿＿＿＿＿＿＿＿＿＿＿＿＿＿

＿＿＿＿＿＿＿＿＿＿＿＿＿＿＿＿＿＿＿＿＿＿＿＿＿＿＿＿＿＿

＿＿＿＿＿＿＿＿＿＿＿＿＿＿＿＿＿＿＿＿＿＿＿＿＿＿＿＿＿＿

＿＿＿＿＿＿＿＿＿＿＿＿＿＿＿＿＿＿＿＿＿＿＿＿＿＿＿＿＿＿

＿＿＿＿＿＿＿＿＿＿＿＿＿＿＿＿＿＿＿＿＿＿＿＿＿＿＿＿＿＿

＿＿＿＿＿＿＿＿＿＿＿＿＿＿＿＿＿＿＿＿＿＿＿＿＿＿＿＿＿＿

拓展

利用课后时间观看电影《延安颂》，举办“歌颂革命，歌颂祖国”音乐欣赏会，赏析《黄河大合唱》《想延安》《南泥湾》《山丹丹开花红艳艳》等歌曲。

8. 不得不细读的三坊七巷

孙绍振

文章的题目提醒读者："三坊七巷"不是仅供观赏、游玩的，而是应该"细读"的。跟随孙绍振先生"细读"三坊七巷，你便理解了"坊"的意思，理解了"三坊七巷"是"古代文人由文儒，而光禄，最后衣锦还乡，享受吉祥庇护（吉庇）的理想阶梯"，"三坊七巷的光华不仅属于福州，而且属于中国近代史"。孙先生用洗练的笔触记述从三坊七巷走出的、在中国近代史上留下浓墨重彩的人物——林则徐、沈葆桢、林旭、林觉民、严复、林长民、林纾、陈衍、陈宝琛、林徽因、冰心等。孙先生在文章中评论说"历史充满了偶然性，应该虔敬地细读，才能读出偶然性的深邃的意味""历史贵在细读，更须反思"，这样的评论引人思考、发人深思。

三坊七巷，福州人把它看作自己城市的文化名片，不管是不是节日，这里永远游人如蚁。游人来自长城内外，地北天南，他们不仅是来观建筑、赏景观，而且是为听历史故事。三坊七巷的光华不仅属于福

州，而且属于中国近代史。

熟知非真知，福州人都很少细思过，三坊七巷，为什么叫作“坊”。“坊”并不是福州口语，不像北京的胡同、上海的里弄，活在口头上。“坊”为建筑群名称，有深沉的历史文化积淀。“坊”在古代有高级官署之联想，隋太子官署有左右坊、门下坊、典书坊等，唐以后易为太子左春坊、右春坊。如今看三坊七巷中的文儒坊、光禄坊、衣锦坊，就知它们不属皇亲国戚，亦非世袭。马鞍形起伏的围墙，把几百座民居包围在内。春风直入中轴长街，杨桥巷、郎官巷、塔巷、黄巷、安民巷、宫巷、吉庇巷分立两厢，气象博大而不华赡，没有显赫衙门和高门府第高及膝盖的门槛，更无石狮之威猛，不过是古代文人由文儒，而光禄，最后衣锦还乡，享受吉祥庇护（吉庇）的理想阶梯。自东晋至唐，这里是高级士大夫聚居之处，但是并没有像谢安时代的朱雀桥、乌衣巷，到唐朝就成了刘禹锡笔下布满野草、杂花的废墟，而是胜利地抵抗了王朝兴衰和上千年岁月的侵蚀，至清末而鼎盛。

围墙高得出奇，就算有红杏也很难有出墙的惊艳。但是，坊内居然有水榭、微型戏台，与江南园林相比，似乎是袖珍的。进入能曲径通幽，穿越时光隧道，领略文化怀古之幽情。

不能不说，围墙太高，空间狭窄而封闭，但是，在晚清，这里是最开放的。中华民族饱受侵凌，面临亡国灭种之危机，茫茫神州沉睡于黑暗之中，这个远离政治文化中心的城市却响起历史的惊雷，最早觉醒的历史人物的精神光华，照彻中华大地，这里成为近代思想解放的烽火台。

“睁眼看世界的第一人”林则徐的母亲就在这里出生。而今，林家祠堂成了纪念馆，赭红墙体随着岁月的流逝越发表现出某种精神上的显赫，林则徐手书的对联，似乎墨迹未干。与此相连的三坊七巷的墙体也尚黑，庄严中有一点历史的沉重感。

天井并不太大，仰首观天，仅见一方，回廊曲折，更是狭窄，不时擦到肩膀，园林小巧，甚至逼仄。但是，就在这并不敞亮的建筑构架中，容纳了东西方的宏大思想。一进又一进，庭院深深，在民族危亡中，先辈探索救亡的脚步，

一步比一步沉重。

多少精英，从这里走向中华近代史前台，义无反顾。血祭轩辕的色泽似乎鲜艳如旧。

同样是二十三四岁的青年，风华正茂，先是林旭出发，为变法维新，喋血北京菜市口，把头颅献上了戊戌变法的祭坛，后继者是林觉民，慷慨赴义，义薄云天。严复和林觉民一样，从这里走向马尾海港，不过严复是走向中国海军的摇篮——马尾船政学堂，林觉民则是把密制的火药装在棺材中转运到广州去武装起义。亡国灭种之痛，凝聚在严复的《天演论》中："物竞天择，适者生存。"五千年文化传统，不适者，难逃覆灭之命运。英雄并非超人，无情未必真豪杰，林觉民赴义之前留下了缠绵悱恻的《与妻书》："吾至爱汝……吾居九泉之下遥闻汝哭声，当哭相和也"，至今仍在两岸四地，乃至整个华文世界的语文课本中震撼着青少年的心灵。

英雄气概，与儿女情长在这里水乳交融。

从这里出发的林长民第一个把巴黎和会上中国被列强出卖的外交惨败公诸报刊，成为五四运动提前爆发的导火线。他因之被遣去国，带上了他十六岁的女儿林徽因。林徽因后来邂逅徐志摩，酿成了惊天动地却又扑朔迷离的故事，一个世纪过去了，浪漫色彩还未褪去。如果不是这个才女的故事，父亲林长民作为一介外交官员的历史功勋，可能永远为后人忘却。

历史贵在细读，更须反思。有时，对历史具有重大意义的，湮没无闻，对历史微不足道的却成八卦，化为网络炒作，饭后谈资。

林觉民的妻子陈意映避走之后，居所被一个谢姓家族买下，后来出了才女冰心。她在五四时期的文学成就，再加上活到百岁，罕见的长寿，文学品位随之增值，虽然她在福州生活不过几个月。

历史充满了偶然性，应该虔敬地细读，才能读出偶然性的深邃的意味。当年林旭赴京，意气风发，成为戊戌变法的核心人物，途经杭州，邀约林纾同道，林纾仅仅因为初娶继室而未果。历史不可假设，然而可以假想。福州大才子南帆先生说，如果不是这样，北京菜市口可能多了一名烈士，而五四新文化运动时期，是不是少了一个保守派呢？林旭是沈葆桢的孙女婿，而沈葆桢又是林则徐的外甥兼女婿。姻亲血缘关系和宗法传统融为一体，让他们义无反顾地肩负起风雨飘摇的国运。

中华近代历史上的传奇之一，发生在宫巷 11 号。两次鸦片战争屈辱失败，洋务运动兴起，乃有坚甲利兵之决策，林则徐的接班人左宗棠奉命建海军，请沈葆桢出山，兴办船政水师，造船舰，建学堂。这位林则徐的外甥兼女婿为难了。按惯例本省人不可在省内为官，此例为之特破。任命得以自专，不受干扰。沈葆桢乃于丁忧三年未满之时，督办南洋水师，组建北洋水师，奠定了当时亚洲最强大的海军的基础，虽然后来失败了，但是严复、甲午英烈邓世昌乃至民国第一代海军将领皆由此而出。左宗棠顾宫巷 11 号，如此重大历史事件，却几近湮没，连福州人都罕知其详，沈葆桢的名字恐怕不如林徽因为国人耳熟能详。

光禄坊东北口，宋熙宁三年，光禄卿、福州太守程师孟常游此，书“光禄吟台”。数百年后，林纾在光禄吟台与陈衍吟诗作对。在人们的印象中，林纾只是五四新文化运动的保守派，其实，辛亥革命爆发之时，在福州街头，他是呼喊歌哭的斗士，而陈衍曾撰《戊戌变法榷议》十条，堪称维新运动前卫。吟台留下多少掷地金声、清词丽句、家国情怀，光禄吟台的石座想来也日日夜夜为其震颤。如今，游客们熙熙攘攘，叽叽喳喳，只有石座保持冰冷的沉默。

陈宝琛和郑孝胥，同科中举，曾先后为帝师，最后分道扬镳。陈宝琛在政治上失意以后，献身于家乡教育，创办了福建优级师范学堂，如今成为福建师范大学，一百多年来，弦歌不辍。建学校，在当时乃官场失意人的所为，然而文脉和我的生命偶然地联系起来，让我在这里享受到几十年为师之幸、为师之荣。而他的朋友郑孝胥，后来沦为满洲国傀儡皇帝的宰相，他的名声超过了陈宝琛。不过，在三坊七巷的精神宝库中，他的名字是最脏的。

说到名声，福州人把林徽因看作福州的名媛，其实她在福州一共就住了二十多天。她住的地方，和我的小区仅隔一墙，好几十年了，我都不知道，只是近几年炒作起来，在那叫作什么“园”的门口，有了一块木质的牌子说明她在这里住过。作为邻居，我没有什么感觉，但是，偶然也有文艺女青年打着花阳伞前来照相，拉我做伴，我茫然迁就，应命假笑，然心甚悲凉。因为，就在附近，有林森故居，这个反对清割台、辛亥革命期间领导九江起义的英雄门前冷落。每逢经过，总要徘徊，细读门前牌上的文字。

中国近代史之思想烽火台下，英雄业绩，美女花边，如此错位，掩卷沉思，乃命笔为此文。

积累

根据文章内容填空。

（1）“坊”并不是福州口语，不像________、________，活在口头上。“坊”为建筑群名称，________。

（2）春风直入中轴长街，杨桥巷、________、塔巷、________、安民巷、________、吉庇巷分立两厢，气象________，没有________衙门和高门府第高及膝盖的________，更无石狮之威猛，不过是古代文人由文儒，而光禄，最后________，享受吉祥庇护（吉庇）的理想阶梯。

（3）吟台留下多少________、清词丽句、家国情怀，光禄吟台的石座想来也日日夜夜为其________。如今，游客们________，叽叽喳喳，只有石座保持冰冷的________。

思考

为什么说“三坊七巷的光华不仅属于福州，而且属于中国近代史”？

____

____

____

____

____

____

拓展

利用课余时间阅读孙绍振的作品《面对陌生人》《灵魂的喜剧》《孙绍振幽默文集》（三卷），并做摘抄。

综合性学习：踏寻先贤英烈遗迹

历史上，八闽大地上发生过许多可歌可泣的故事。这些故事中的人物撑起我们民族的脊梁，他们的诗文和事迹至今仍值得我们传诵。他们中有忠君爱民的爱国名臣，有英勇抗敌的民族英雄，有探寻真理的革命先驱，有慷慨就义的志士仁人，更有呕心沥血的建设者。他们的精神永远滋养着后人，赋予我们正能量，使我们热血沸腾。他们就在我们身边！行动起来吧，一起去探寻身边的先烈遗迹，触摸他们的英灵，充盈我们的正气。

一、走近先贤英烈，接受洗礼

1.每个市、县（区）都有当地先贤志士的故居、雕像、宗祠、纪念馆、牌坊或遗物等，这些都是我们民族的宝贵遗产。这些先贤英烈遗迹，记载着他们的故事，留存着他们的英魂，供后辈瞻仰、学习。

请以班级或小组为单位，到这些地方探寻先贤英烈遗迹，接受心灵洗礼。

要求：在老师的指导下规划好路线、时间、地点，做好学习方案和安全预案等相关准备；查阅资料、观看影视，了解相关人物的事迹；对遗迹的说明文字、对联等进行纪录、拍摄、整理，做成活动简报或专题报告。

2.许多先贤英烈的后代就生活在我们当中。他们对先贤英烈们的故事知道得更详细，对先贤英烈的精神有着深刻的感悟，甚至在他们身上我们可以看到先贤英烈的影子。

请以小组为单位采访先贤英烈的后代或当地熟悉先贤英烈的人士，整理、挖掘相关事迹，举办相关报告会、话剧表演等活动。

二、感悟信仰，传承基因

仁人志士、民族英雄、抗敌将士、爱国人士、先进模范等为正义事业抛头颅、洒热血、无私奉献，支撑他们的是崇高的信仰、坚定的信念。也正因为有了他们，我们今天才有和平的环境、安定的生活、幸福的日子。我们怀念他们，出于感恩，也为了传承。

1. 请选择先贤英烈的生日、献身日、清明节、国庆节或相关事件纪念日，参观先贤英烈纪念场所，献花圈、写诗歌、写挽联。

2. 通过查阅史料、访谈，搜集当地英杰的生平事迹，撰写英杰传、英杰故事（逸事）或编撰英杰谱。

附录：

我省各地先贤英烈纪念场所列表

福州	林则徐纪念馆、林觉民（冰心）故居、林祥谦烈士陵园、马江海战纪念馆、中国船政文化博物馆、福建省革命历史纪念馆、陈景润故居、严复故居、李纲墓、张元干纪念馆等
厦门	郑成功纪念馆、陈化成故居、陈嘉庚故居、华侨博物院、林巧稚纪念馆、厦门革命烈士事迹陈列馆等
泉州	郑成功纪念馆（南安）、民族英雄俞大猷纪念馆、李贽故居、泉州海外交通史博物馆、中共福建省委旧址、中国闽台缘博物馆等
莆田	莆禧古城、陈文龙纪念馆、戚继光纪念馆、闽中革命史诗碑园等
漳州	谷文昌纪念馆、东山保卫战烈士陵园、中国女排腾飞馆、黄道周纪念馆、林语堂纪念馆等
龙岩	古田会议纪念馆、闽西革命历史博物馆、闽西革命烈士纪念碑、长汀县革命委员会旧址、瞿秋白烈士纪念碑、何叔衡同志死难处、长汀红军长征出发地、客家家训馆等
三明	尤溪朱子文化广场、建宁县革命纪念馆、泰宁红军街、宁化红军医院旧址、红军长征出发地等
南平	武夷山朱熹纪念馆、武夷山紫阳书院、柳永纪念馆、李忠定公祠、赤石暴动烈士陵园等
宁德	甘国宝故居、周宁县革命历史纪念馆、福鼎革命烈士陵园、戴炳辉烈士纪念园、福安廉村、蔡威故居等